韶关红色文化专题研究

严兴文　杨华山　编著

暨南大學出版社
JINAN UNIVERSITY PRESS
中国·广州

图书在版编目（CIP）数据

韶关红色文化专题研究/严兴文，杨华山编著．—广州：暨南大学出版社，2022.12
ISBN 978-7-5668-3567-3

Ⅰ.①韶… Ⅱ.①严… ②杨… Ⅲ.①革命传统教育—研究—韶关 Ⅳ.①D642

中国版本图书馆 CIP 数据核字（2022）第 242966 号

韶关红色文化专题研究
SHAOGUAN HONGSE WENHUA ZHUANTI YANJIU
编著者：严兴文　杨华山

出 版 人：张晋升
责任编辑：黄　颖
责任校对：孙劭贤
责任印制：周一丹　郑玉婷

出版发行：暨南大学出版社（511443）
电　　话：总编室（8620）37332601
　　　　　营销部（8620）37332680　37332681　37332682　37332683
传　　真：（8620）37332660（办公室）　37332684（营销部）
网　　址：http://www.jnupress.com
排　　版：广州市天河星辰文化发展部照排中心
印　　刷：佛山市浩文彩色印刷有限公司
开　　本：787mm×1092mm　1/16
印　　张：14.25
字　　数：210 千
版　　次：2022 年 12 月第 1 版
印　　次：2022 年 12 月第 1 次
定　　价：59.80 元

目 录

CONTENTS

韶关红色文化发展史论略①

严兴文

导　语　韶关在新民主主义时期的革命斗争历程与中国革命的进程同步，共分为四个历史阶段：大革命时期，北江工农运动兴起；土地革命时期，党领导开展了北江农民暴动和粤赣湘边南方游击战等活动；抗日战争时期，中共韶关各级党组织陆续恢复和建立，组织民众进行抗战；解放战争时期，为建立新生人民政权，韶关各级党组织认真贯彻落实党的方针政策，与国民党反动派进行了一系列残酷的斗争。为此，在新民主主义不同时期，中国共产党在粤北这块红色的土地上谱写了可歌可泣的壮丽诗篇，并永远被后人铭记。

红色文化有狭义与广义之分。狭义的红色文化就是革命文化，广义的红色文化指的是中国共产党自成立以来，领导中国人民在长期革命战争、社会主义建设和改革开放实践中逐渐形成的理想信念、伦理道德、人生价值，以及传承、记载党领导人民追求民族复兴、人民幸福这一历史过程的文化形态[1]。本文所指的红色文化主要是革命文化，即新民主主义时期的

①　基金资助：教育部人文社科项目“基于生态环境视阈下新时代我国社会主要矛盾研究”（项目编号：18JD710075）、韶关市哲学社会科学规划委托课题“组建大中小学思政课一体化教学改革创新联合体研究”（项目编号：W2022014）的阶段性成果。

革命红色文化。

韶关，古称韶州，是一个令人神往而又充满革命传奇的地方。在近现代，资产阶级民主革命先行者孙中山曾两次在韶关督师北伐；大革命和土地革命战争时期，毛泽东、朱德、邓小平、彭德怀、陈毅等无产阶级革命家曾多次来到韶关，播撒下了革命的种子。在中国共产党领导下，在韶关这片土地上留下了许多红色印记。根据《广东省红色军事文化遗产名录（2016 年）》记载，韶关市重要红色遗址达 37 个之多，位居全省首位。2010 年，韶关市党史部门对该市 1919—1949 年红色革命遗址进行了深入普查，结果显示韶关全境现有红色革命遗址 287 处，其中重要事件发生地 102 处、机构旧址 85 处、纪念性建筑 42 处、战斗遗址 23 处、名人故居 14 处、烈士墓地 21 处。革命博物馆、纪念馆、党史馆、烈士陵园等红色教育基地遍及韶关各地，从而使韶关多个县（市、区）被中央老区办定为革命老区县，南雄县还被确认为“中央苏区县”。革命先辈的流血牺牲和无私奉献，为欣欣向荣的今天积淀了丰富的精神财富，成为韶关人民党史学习教育取之不尽的精神食粮，也为明天发展腾飞凝聚了无穷的动力。

一、大革命时期，北江工农运动兴起

1917 年 11 月 7 日（俄历 10 月 25 日），俄国爆发了伟大的“十月革命”，这次革命的胜利，为世界各国无产阶级革命、殖民地和半殖民地的民族解放运动开辟了新的前进道路。它不仅让中国先进的知识分子认识了马克思列宁主义，也让中国的知识分子看到了工农大众的伟大力量，并逐渐认识到要真正改变中国社会的现状，必须发动广大的工农群众进行革命斗争。从此，一批具有初步共产主义思想的知识分子从中国革命的实际出发，学习运用马克思列宁主义，开始为中国革命发展道路不断探索。

1919 年 5 月，北京、广州等地爆发五四爱国运动。五四爱国新风，自北而南吹向韶城，韶州青年学子、商界民众，走上街头，“抵制日货”，反帝反封建的革命火种点燃粤北古城——韶关，使这座千年古城焕发出蓬勃生机。

1921 年 3 月，广东共产主义小组在广州建立。同年 7 月，中国共产党应运而生。中国共产党的成立，对韶关地区的革命产生了积极的影响。

1922 年 2 月，孙中山发起了打倒军阀的护法北伐战争。5 月，孙中山从桂林移师韶关，设立北伐大本营，督师北伐。自此孙中山的“树立真正之共和，扫除积年政治上之黑暗与罪恶，俾国家统一，民治发达”思想深入人心，粤北的一批进步青年如曾昭秀、曾昭慈、陈召南等南下广州求学，接受新文化、新思想教育，由此他们走上革命的道路，直接带动了粤北的农运、学运和工运。

1924 年 3 月，北江船业工人工会在韶关成立，选举邓仲瑜为工会会长，这是韶关地区最早的工会组织。

1924 年 9 月孙中山又移师韶关，设立北伐大本营，再举北伐，发表北伐宣言，提出北伐之目的：“不仅仅在推倒军阀，尤在推倒军阀所赖以生存的帝国主义 …… 以造就自由独立之国家也。”[2] 应孙中山电召，共产党员谭平山、罗绮园、阮啸仙等人率领广东工团军、农团军于 1924 年 9 月 23 日抵达韶关，深入农村，开展宣传工作。在共产党员谭平山及工团军、农团军影响下，农民运动蓬勃发展。1924 年 9 月底，曲江县东厢翻溪桥农民协会和腊石坝农民协会成立，这是曲江最早的农会，成为北江地区的一面旗帜。到 1925 年秋，曲江县先后有 80 余个乡成立农民协会，会员有 8 000余人。1925 年 11 月 20 日，曲江县农民协会暨第一次农民代表大会在韶关下后街“宏仁善堂”（现浈江区建国小学）内召开，到会代表 112 人。彭湃代表省农会向大会授犁头大旗、印章并致贺词。

此外，其他各县农民运动也得到蓬勃发展。在广东省农民部特派员谭昆等人协助下，仁化县成立了第一个农民协会——董塘安岗乡农民协会。到 1926 年 5 月 25 日，仁化董塘区农会成立。后来全县农会会员发展到八九千人。南雄的农民运动在曾昭秀等人领导下，1925 年 9 月 16 日第一个农民协会在南雄上朔溪十房祠堂（四德堂）成立，共有会员 300 多人。1925 年 12 月 15—18 日，乐昌县第三区西门口、老虎头和第四区大吼坪等 6 个乡的农民协会成立，成为乐昌成立较早的一批农民协会。1925 年冬，陈竹君在南七约乡千家营成立农民协会。

到 1926 年 5 月前，北江地区已成立县农民协会 1 个、区农民协会 10 个、乡农民协会 210 个，共有农民协会会员 15 400 人。其中，曲江县农民协会 1 个、区农民协会 7 个、乡农民协会 141 个，会员 11 327 人。各地农民协会成立后，迅速开展减租减息工作，与土豪劣绅、贪官污吏进行斗争。

1925 年 3 月，粤汉铁路的工程、工厂、司机、车务、木匠等五个工会，组成统一的粤汉铁路临时总工会。粤汉铁路北江流域各车站同属临时总工会领导。1926 年 5 月 1 日，南雄总工会成立，陈赞贤任委员长，共有会员 958 人。

1925 年 12 月，经农民运动特派员侯凤墀、刘胜侣的考察，接受曲江县农民运动骨干梁展如、欧日章、叶凤章等人参加中国共产党，成立中共曲江支部。不久，曲江第一个基层农村党支部——乌石党支部诞生。1926 年 8 月，成立中共南雄特别支部，党员人数发展到二三十人。1926 年 12 月 9 日，中共北江地地委、特委在韶关成立，卓庆坚为书记，领导英德以北各县党组织工作。

随着农会的建立和工会组织的发展，1926 年 12 月，中共北江地委创办了北江农军学校，1927 年 2 月又创办了南韶连政治干部讲习所。它们为北江地区培养了一大批工农武装骨干和政治工作骨干，有力地保障了北江地区工农革命运动的发展。

在这些进步思潮和革命思想的影响下，一批热血青年和先进分子走上了国民革命的道路，他们中包括了张光第、朱念民、曾昭秀、欧日章等一批农运领袖和革命先进分子。在他们的带动下，北江工农革命运动风起云涌。北江地区工农运动兴起，特别是农民运动蓬勃发展，进一步说明：在半殖民地半封建社会的中国，“农民问题是中国革命的基本问题”，“农民力量是中国革命的主要力量”。

二、土地革命时期，红色革命武装割据

土地革命时期，韶关红色革命斗争是和北江党组织活动、农民暴动、工农红军长征以及粤赣（湘）边南方游击战联系在一起的，在韶关革命史上留下了光辉的一页。

1927 年 4 月 12 日，蒋介石等发动反革命政变，全国笼罩在一片白色恐怖之中。接着国民党广东当局也步蒋介石后尘，于 4 月 15 日对全省各地实行“清党”反共和对革命运动进行镇压，7 月 15 日汪精卫在武汉发动反革命政变，标志大革命失败了。

1927 年 4 月国民党在上海、广州相继发动反革命政变后，中共北江地委组织了 1 200 多人的北江工农自卫军北上武汉举行讨蒋运动，北江工农自卫军几经周折到达武汉，在离开武汉后参加了举世闻名的南昌起义，打响了反对国民党反动派的第一枪，并在南昌起义中发挥了积极作用。

当中国革命处于危急关头，中国共产党在汉口召开了八七会议，确定了党的中心任务是以革命的武装反抗反革命的武装，号召鄂湘赣粤各地举行秋收武装暴动，以推翻国民党的反动统治，开展土地革命。中共广东省委根据这一总方针，要求全省各地组织工农暴动。从此，北江地区进入了以武装暴动为主要形式的革命斗争时期。

1927 年 11 月，朱德、陈毅率领南昌起义部队 800 余人，经湘南、仁化董塘开赴韶关，拟南下参加广州起义。当获悉广州起义失败后，朱德决定潜心在曲江犁市进行整训。曲江西水暴动是在朱德部队支援下，在北江地区掀起的规模较大、影响较深的农民暴动。

此时，北江各地按照中共广东省委要求，逐渐恢复和发展党的组织，准备发动农民暴动。1927 年 12 月 31 日，中共北江特委重新成立；1928 年 1 月，中共广东省委确定以北江为全省暴动中心地区之一。

1927 年 12 月，周其鉴、赖松柏等人领导清远县工农革命军独立团，攻占清远县城，发动了北江地区较早而又成效卓越的农民暴动。与此同时，阮啸仙发动和组织了著名的“仁化暴动”，1928 年 2 月，仁化农军在仁化石塘双峰寨与强敌进行十个月的浴血奋战；同年 2 月至 3 月，中共南雄县委负责人曾昭秀、陈召南等领导了南雄暴动。

1928 年 2 月，朱德率领南昌起义军余部，在乐昌农军的配合下，在宜章岩泉至乐昌坪石一带，击败前来“围剿”的许克祥独立第三师，取得了“坪石大捷”。“坪石大捷”，开创了我军以少胜多的光辉战例，对国民党反动派造成沉重打击，为全国“四大暴动”之一的湘南暴动奠定了重要基础。

曲江西水暴动、乐昌坪石暴动、仁化暴动、南雄暴动等构成了北江农民运动的暴动。北江暴动是继东江海陆丰农民暴动后的第二个暴动中心。它有力地打击了国民党地方反动势力，动摇了国民党地方反动统治的根基，有力地配合了 1927 年冬举行的广州起义和 1928 年初由朱德领导的湘粤边界的宜章暴动。

1929 年 1 月，朱德、毛泽东率领红四军近 4 000 人从井冈山出发，经赣南、大余，进入南雄的杨梅、兰田、益田、乌迳等地活动，并在黄木岭召开群众大会，随后由界址进入信丰县。为了实施“向外发展，在发展中巩固苏区”的战略方针，1929 年 5 月彭德怀、滕代远率红五军与王佐的特务营千余人进抵粤北的仁化城口、长江、扶溪，攻占南雄县城，后经大余返回井冈山。彭德怀此次率红五军西出湘东，游击湘粤赣边，对巩固中央苏区红色政权起到了积极的推动作用，仁化也成为粤湘红色游击革命的一个支点。

1931 年 1 月，由李明瑞、邓小平、张云逸领导的红七军从广西百色地区远征北上，准备攻打柳州、桂林。但面对现实情况，邓小平、张云逸果断放弃攻打中心城市计划，转而率师东进，由桂入粤，试图在小北江建立革命根据地。当邓小平、张云逸率军抵达乳源梅花一带时遭到国民党粤军的“围剿”，双方血战梅花，红七军伤亡700余人，减员几近三分之二，史称“梅花之役”。“梅花之役”后，一路由邓小平率领的红七军一部经仁化石塘、董塘和长江转向中央苏区；另一路由张云逸率领，转由乐昌北上，在罗家渡过江，也踏上了通往江西的道路。6月，这两支部队在江西遂川会师，7月12日又与中央红军在江西兴国会合，归建红三军团指挥。

1932年7月，朱德、毛泽东、王稼祥等人亲自指挥了著名的“水口战役”。红军先后在池江、大余、水口等地与国民党粤军进行了一系列的恶战，最终击溃粤军15个团，打死打伤敌军3 000余人，给入赣粤军以沉重打击，稳定了中央苏区南翼，为红军之后在北线作战创造了有利条件。南雄水口战役是土地革命战争中，中央红军在广东境内组织开展的，大规模的、罕见的恶战，在党史、军史、苏区史上都具有重要的历史地位及战略意义。

由上可知，这个时期，中国共产党领导的工农红军为什么能够一次次在中央苏区的边缘地区的韶关各县区进行革命活动呢？究其原因主要有四点：

一是韶关这块土地有红军生存的空间。韶关地区地处粤湘赣交界之处，由于当时的中国是半殖民地半封建社会，帝国主义和国内买办豪绅阶级支持的各派新旧军阀之间存在着矛盾，并且长期处于分裂和战争状态，这为红军在韶关这块土地上生存创造了条件。

二是粤北山区的地理位置有利于红军取胜。韶关是广东北部重镇，“据五岭之口，当百粤之冲”，历来是兵家必争之地。韶关及其所属县如乐昌、南雄、仁化等都位于五岭腹部，崇山峻岭。红军凭借有利的地理位置，进可攻退可守，有较大的回旋余地，可以为红军取胜创造条件。

三是韶关所处的广东是近代中国民主革命的策源地，有优良的革命传统。以孙中山为首的民主革命派长期在广东进行革命活动，革命思想影响深远。特别是1924年孙中山来韶督师北伐后，韶关地区很快地组织农民协会、工人协会和妇女运动，开展减租减息和增加工资等经济政治斗争，这使得韶关民众能很好地认同和支持红军的革命斗争，这是有利的政治条件。

四是红军的胜利给粤赣湘边广大地区的民众带来巨大的影响。时至今日，韶关许多乡村仍保留有红军标语、红军墓等遗迹。

1934 年 10 月，中央红军在第五次反“围剿”失败后，被迫实行战略大转移。红军从江西瑞金出发，分三路进入广东，经过南雄、仁化、乐昌、乳源等县，突破了敌人设在五岭的两道封锁线，顺利越过粤北，继续长征。

中央红军离开苏区后，中共中央成立了中央分局、中央军区，项英任中央分局书记、中央军区司令员兼政委；成立了中华苏维埃共和国中央政府办事处，陈毅为办事处主任。1934 年 11 月，成立了中共粤赣边特委和军分区，由李乐天任特委书记兼军分区司令，负责领导粤赣边的游击战。1935 年 4 月，项英、陈毅率领的中央苏区留守部队突围到南雄油山，与战斗在这里的李乐天游击队会合，并决定建立以油山为中心的革命根据地，由此开始了长达三年的粤赣边游击战。1936 年冬，梅山游击队根据地遭到国民党军队围困，陈毅以诗明志，写下了著名的《梅岭三章》。

（一）

断头今日意如何？创业艰难百战多。
此去泉台招旧部，旌旗十万斩阎罗。

（二）

南国烽烟正十年，此头须向国门悬。
后死诸君多努力，捷报飞来当纸钱。

（三）

投生革命即为家，血雨腥风应有涯。
取义成仁今日事，人间遍种自由花。

这三首诗表现陈毅虽然处在危难之际，但献身革命的决心和对革命必胜的信心矢志不移。他的革命乐观主义精神，成为中华民族的宝贵精神财富。

三、抗日战争时期，战时省会的中共广东省委

抗日战争时期，根据国共两党协议，粤赣边和粤湘边红军游击队加入到新四军。由此，活动在北江地区的红色革命转入到抵御外来侵略，共同抗击日本帝国主义的民族革命斗争阶段。

1938 年 10 月，广州沦陷，国民党广东省党政军机关相继北迁至韶关。韶关由此成为战时省会和广东政治、经济、军事和文化中心，也成为广东战时的大后方。此时，中共广东省委、八路军广州办事处也相继撤退到韶关，继续领导全省的民族统一战线和抗日武装斗争，并派 800 多名进步青年和学生（其中 200 多人是共产党员）到国民党第四战区、第十二集团军参加政工工作。他们在国民党第四战区张发奎长官司令部，还秘密成立了中共特别支部。

1938 年 1 月 1 日，广东省青年抗日先锋队（简称“抗先队”）成立。自抗先队成立后，创办《抗先队报》，团结广大青年开展救亡工作。1939 年 3 月，抗先队总队部迁至韶关，并于 1939 年 3 月 21 日至 24 日召开了第三次全体委员会议，号召全体抗先队员：“到战区去，到敌人后方去，深入农村，组织和武装广大的青年，并在工作中不断学习，不断创造，在战争中使广东青年运动更向前推进!”从此，抗先队员扎根农村，组织动员民众，宣传抗战，踏上了抗日救亡的新战斗历程。

抗日战争时期，国共两党合作，建立广泛的抗日民族统一战线，团结一致抗日。中共广东省委根据当时形势和党的状况，提出了“广东工作应以建党为中心”的方针，同时派出一批共产党员和党掌握的抗先队到北江

城乡各地，以抗日宣传工作方式发动群众，发展党组织。为此党先后建立了南雄县委、连阳特支、英德特支、翁源县工委、佛冈区委、曲江中心县委、清远县工委、连阳三属工委等一批县区级的党组织，与此同时，还建立了一批基层党组织。1939 年夏秋间，建立了中共北江特别委员会，统一领导整个北江地区的抗日救亡运动。

1939 年 9 月，中共广东省委为推动粤北的妇女抗日运动，委派区梦觉等一批共产党人到粤北，组建妇女战时工作团、妇女生产团等组织，开展抗日救亡运动。

1939 年底至 1940 年夏天，在抗日正面战场，第一、二次粤北会战先后打响，在国民党第十二集团军中工作的中共党员和抗先队员与爱国官兵一起前仆后继，战斗在第一线，为会战的胜利作出了巨大的贡献和牺牲。

在抗战硝烟炮火中，中共广东省委在粤北，几经搬迁。先是在韶关市区西河与八路军办事处合署办公，后因局势紧张，省委机关被迫迁往江西信丰油山、南雄瑶坑、始兴红围、韶关五里亭等地。1939 年 7 月，广东省委先后在韶关市区近郊、马坝、南雄始兴等地开展党员干部训练班，党员们学习马列主义、党的建设、民族统一战线、群众工作、妇女工作、游击战争、工人运动、农民运动、形势与任务等课程，由省委领导担任授课老师，提高了党员的马列主义理论水平和对当前政治形势、党的政策的认知能力，为全省革命事业培养了一批重要的党员干部，为广东革命注入了新活力。

1940 年夏天，为了加强对广东沦陷区工作的领导，根据中共中央关于对沦陷区、国统区工作分类指导的指示，决定把中共广东省委划分为粤南省委和粤北省委。1940 年 12 月，广东省委在始兴沈所红围召开会议，宣布撤销中共广东省委，成立中共粤北省委和粤南省委。中共粤北省委辖东江、西江、北江地区等党组织，粤北省委书记为张文彬（后为李大林），粤北省委机关设在韶关，成立后的中共粤北省委直属南方工委领导。同时，中共北江特委分为前北江特委和后北江特委，领导北江地区的革命斗争。

1940 年至 1945 年抗日战争时期，国立中山大学，岭南大学，广东文理学院，东吴大学，广东省立仲恺高级农业职业学校，广东省立执信女中，澳门培正、培道中学等学校内迁到粤北，传承华南教育文脉，用生命谱写了一曲曲教育救国的壮丽赞歌。

1941 年 12 月，日军进攻香港，1942 年 1 月，香港沦陷。邹韬奋、柳亚子、廖沫沙、茅盾、胡绳等大批文人和爱国民主人士被困香港，在中共广东省临委和东江纵队的营救下，他们得以脱离虎口，经粤北向内地转移。韶关一度成为抢救、接送文化名人的中转站，在此过程中发挥了重要作用。

为了更好地指挥知识分子撤退，廖承志来到了粤北乐昌，却因叛徒郭潜出卖而被捕。不久，粤北省委书记李大林、组织部长饶卫华等人也落入敌人的魔掌。时任中共南委副书记张文彬在粤东梅县高坡因叛徒出卖被捕，在监狱中面对敌人威逼利诱，他坚贞不渝，并明确表示“宁可坐牢而死，决不跪着爬出去!”最后在江西马家洲监狱里被折磨而死。“粤北省委事件”发生后，中共广东党组织受到空前的打击，在国统区的中共党组织一律暂停活动，广东的革命活动进入了历史上的最低潮。

虽然粤北是战略大后方，但共产党领导的游击队并没有偃旗息鼓，刀枪入库，马放南山，而是奋不顾身地冲在抗日的最前线。1945 年 1 月，曲江联乡抗日自卫委员会成立，在共产党员梁展如等人的领导下，这支农民自卫队先后十多次在广韶至沙溪拦截日军，毙伤数十名日军。后来，这支队伍编入了北江支队，命名为曲南大队；成立于 1944 年秋天的始兴人民风度抗日自卫大队（简称“风度大队”），也是一支由共产党员领导的革命队伍，成员由风度小学师生和当地青年农民组成。这支“师生铁军”在艰难的条件下，与日伪军和国民党顽军进行不屈不挠的斗争，直到抗日战争胜利。抗日战争胜利后，一部分人员加入粤赣湘边人民解放总队，一部分人员北撤山东烟台，这才结束其历史使命。

抗日战争后期，为了实现建立五岭根据地的战略目标，将华北、华中和华南三大敌后战场连成一片，王震、王首道等同志根据中共中央的指示于1944年秋天率领八路军三五九旅4 000余人组成南下支队。他们从延安挥师南下，远征五岭，开辟南方战略基地。为配合“两王”部队南下，根据中共广东区委的命令，林锵云、王作尧、杨康华组成的粤北指挥部率领东江纵队1 200多人，于1945年8月从博罗出发挥师北上。与此同时，由郑少康、梅易辰率领的珠江纵队南三大队也起兵北上，共同迎接“两王”部队。这两支北上部队后来合编为东江纵队粤北支队。

虽然，当时抗日战争业已结束，但由于国民党派出重兵围追堵截，致使东纵粤北支队和“两王”部队在南征北战中深受重创。于是，中央命令南下支队迅速北返，与皖鄂地区的新四军第五师会师。因而，东江纵队与“两王”部队未能在粤北形成合力，共创南方革命根据地。

四、解放战争时期，新生人民政权建立

解放战争时期，韶关各级党组织认真贯彻落实中国共产党提出的“争取和平与准备革命战争”的指导方针，为建设一个独立、民主、富强的新中国，与国民党反动派进行了一系列残酷的斗争。

抗日战争结束后，国民党为抢占胜利果实，对广东各游击根据地进行大规模进攻，中国共产党领导下的各路武装部队不断地奋起反击。

为了实现和平，避免内战，根据国共双方协议，粤北北撤部队2 583名将士奉中央军委命令于1946年6月30日离开惠州大鹏湾，开往山东烟台解放区。部队北撤后，小部分留守部队在黄业、刘建华、何俊才、冯光、周明等同志的带领下，在北江各地坚持艰苦的武装斗争，共度时艰，为粤北革命斗争保留复燃的红色火种。

1946年6月26日，蒋介石悍然撕毁了停战协定，大举进攻中原解放区，挑起全面内战。国民党广东分局也奉行蒋介石的指示，违背了保证东

纵复员人员安全的诺言，采取“治安”“绥靖”“清乡”的行动，大搞“联防联剿”和“联保连坐”，疯狂捕杀复员人员及其家属，迫害民主人士和进步学生，镇压民主运动，并推行征兵、征粮、征税的“三征”苛政，实行残酷统治。

面对国民党反动派的反动统治，韶关党组织和人民与国民党反动派及其军队进行了坚决的斗争。隐蔽在粤赣湘边和翁江地区的武装人员纷纷走出山林，重新开展活动，恢复武装斗争，以反内战、反“三征”为口号，动员、组织群众，迅速组织武装，壮大人民革命武装力量。

1947 年 2 月，中共翁江地区工作委员会成立。翁江工委统一领导翁源、英德、新丰、佛冈县、曲南和江西虔南等地区党组织和武装队伍，何俊才任书记，林名勋、黄桐华任常委。为统一领导翁江地区武装斗争，翁江工委决定成立粤赣先遣队支队。

1947 年 3 月下旬，中共五岭地委在南雄北山正式成立，并在南雄凌溪村（现属仁化）云影庵召开第一次会议，张华任书记，黄业、刘建华任副书记，统一领导粤赣边区的武装斗争。4 月，在粤赣湘边活动的武装部队奉命整编为粤赣湘边人民解放总队。7 月，经香港分局同意，成立中共粤桂湘边工委和组建粤桂湘边人民解放军。

在一年多时间里，粤赣湘边人民解放总队和粤赣先遣支队等粤北部队在党的领导下，与国民党反动派进行了英勇顽强的斗争、从反“三征”、反“清乡”到反“围剿”，武装斗争从“小搞”到“大搞”，与敌人进行十多次规模较大的战斗中，从被动防御转换成主动进攻的态势，实力得到进一步的扩大和加强，北江地区形成了强大的党组织和武装斗争。据不完全统计，党的建设从大革命时期的一个地委和 200 多名党员，发展到解放战争时期的 3 个地委和 2 000 多名党员。武装斗争的阵容从大革命时期的北江工农自卫军 2 000 多人扩大到解放战争时期的 3 个支队和 21 500 多名革命武装人员。

为了加强军事工作领导，统一建制，1949 年春，经中国人民解放军总部批准，粤赣湘边纵队粤赣先遣支队改编为中国人民解放军粤赣湘边纵队北江第一支队；粤赣湘边人民解放总队改编为中国人民解放军粤赣湘边纵队第二支队。这两支革命武装，不断地打击国民党军队，有效地消灭敌人，配合中国人民解放军南下大军解放北江地区全境作出巨大的贡献。

随着中国人民解放军挥师南下，粤北地区各个县城先后被轰隆的炮声和密集的枪声一一攻破。1949 年 6 月 13 日，北江第一支队一团、四团率先解放新丰县城，新丰成为北江地区第一个解放的县城。9 月 15 日，北江第一支队配合解放军队四十八军一四三师四二九团一举解放翁源县城。9 月 24 日，北江第二支队配合解放军南下部队解放南雄县城，9 月 25 日解放始兴县城，10 月 6 日解放仁化县城。10 月 6 日晚，人民解放军各路部队在北二支队的配合下，从东南、正北、西南包围曲江县城（今韶关市区），10 月 7 日粤北重镇曲江县城宣告解放。接着，10 月 9 日解放乳源县城，10 月 19 日解放乐昌县城。到 1949 年 12 月底，北江地区各武装部队配合解放军南下部队，解放了北江全境，至此新民主主义革命的任务基本完成。

韶关地区的革命斗争历程伴随着中国革命发展而发展，经历了从小到大、从弱到强的发展过程，历经了无数艰难险阻，战胜了一个又一个强大的敌人，最终赢得新民主主义革命的胜利，使韶关人民走上了社会主义革命和建设的道路。

在漫长岁月的革命斗争中，为了中国革命胜利，韶关人民不仅输送子女参加革命部队和游击队，还为子弟兵提供精神上和物质上的支持与奉献。特别是在白色恐怖笼罩的环境下，他们不畏牺牲，救治红军、游击队伤病员，做革命的堡垒户，为自己的队伍传递情报。在新民主主义革命时期，韶关大地不仅培养了谭甫仁、彭显伦等共和国开国将领，而且还孕育出数千名为中国人民解放事业抛头颅、洒热血的烈士。他们的英雄事迹将永远铭刻于人民的心中。

回顾韶关这段艰辛的革命斗争史，我们更加深刻认识到红色政权来之不易，新中国来之不易，中国特色社会主义来之不易。所以我们要把红色资源运用好，把红色基因传承好，学好知识和本领，努力成长为德智体美劳全面发展的社会主义建设者和接班人。

展望未来，在实现第二个百年奋斗目标的新征程上，只要我们全党全国各族人民继续发扬为民服务、无私奉献的孺子牛精神，创新发展、攻坚克难的拓荒牛精神，艰苦奋斗、吃苦耐劳的老黄牛精神，以不怕苦、能吃苦的牛劲牛力，不用扬鞭自奋蹄，继续为中华民族伟大复兴辛勤耕耘、勇往直前。我们就一定能够在新时代、新征程上创造新的历史辉煌，韶关的明天会更美好，中华民族伟大复兴的中国梦在粤北这块红色土地上定会绽放出更加绚丽的花朵。

参考文献

[1] 彭勃．坚定红色文化自信　推进红色基因传承［EB/OL］．(2020－12－03)．http：//dangshi. people. com. cn/n1/2020/1203/c85037－31953940. html.

[2] 孙中山．孙中山选集：下卷［M］．北京：人民出版社，1956：944.

参考资料

①苗仪．百年粤北纪事［M］．广州：暨南大学出版社，2017.

②韶关市史志办公室．中国共产党北江地方史［M］．北京：中共党史出版社，2007.

③陈冲．北江农军学校的光荣历程［J］．韶关学院学报，1980（1）．

④《韶关简史》编委会．韶关简史［M］．广州：广东人民出版社，2021.

孙中山发动第二次北伐动因探析[①]

罗　韬

导　语　继1922年第一次北伐失败后，孙中山于1924年9月发动了第二次北伐。这是孙中山最后一次亲自领导的军事斗争。对于这次北伐的决策，在广州革命政府内部，曾出现诸多反对意见。有的认为时机不成熟，操之过急，应暂缓北伐，否则容易招致失败。究竟是什么原因促使孙中山再次北伐呢？这是由广州革命政府所处的历史环境决定的。探讨这次北伐的原因，有助于全面了解孙中山晚年不屈不挠、锐意进取的革命精神。

国民党改组后不久，孙中山就准备再次北伐。当时不少国民党要员提出反对意见，认为时机不成熟，操之过急，力谏孙中山暂缓北伐，否则容易招致失败。孙中山亦深知此次北伐之艰巨，但毅然在1924年9月初离开广州去韶关督师北伐。究其原因，主要有如下几个方面。

第一，孙中山具有北伐所需的一定实力。首先，经过一年苦战，孙中山在1924年已北平沈鸿英之乱，南退陈炯明叛军，稳定了以广州为中心的根据地。陈炯明在大败之后，无力威胁广州，这样就使北伐能有一个相

① 基金资助：2022年度韶关市哲学社会科学规划课题“韶关红色文化融入大中小学思政课一体化建设”研究成果之一（项目编号：W2022011）。

对稳定的后方。其次，孙中山握有北伐所需的兵力。孙中山敏锐地感到北洋军阀内部矛盾尖锐，军队腐化，战斗力不强，只要有一支真正的革命军队与之作战，定能获得北伐的胜利。“假若我们现在有一万人的革命军，马上便可以定中国。”[1]孙中山的论断是有事实根据的。他曾举例，吴佩孚以一旅之众，从湖南起兵，回师武汉，进占洛阳，数年间势力大涨，一跃而为直系主帅，推倒段祺瑞，操纵北京政府。吴佩孚能做到的，为什么国民党就不能做到呢？当时孙中山手下的军队虽然是旧军队，由大大小小的军阀控制，但也有一批军队是忠于他的，坚定地站在国民革命一边的，而且部队数量大，战斗力都很强，如粤军、滇军。1924 年，孙中山指挥下的军队总兵力达到 8 万人。以 4 万人守东江，1 万人分驻省会及各县，尚有 3 万人可用于北伐，所以孙中山满怀信心：“三部共枪二万（其他不计），向江西进取，未有不成功也，江西得后，则湖南不成问题，然后再合滇唐、川熊、黔袁，会师武汉，以窥中原，曹吴不足平也。”[2]

第二，广州形势复杂，革命政府内有矛盾重重，外有强敌环绕。从广州革命政府内部来看，矛盾错综复杂，难以调和。自 1923 年春，孙中山在广州建立政权后，对在香港筹措军费、联络滇桂等军队有功的梅光培、邹鲁、邓泽如等人委以重任，让他们掌握财政等实权，已经引起了胡汉民等“元老派”的不满。所以围绕着内部人事安排问题，在一段较长时间内存在着以胡汉民为首的“元老派”和以孙科为首的“资本派”（因为孙科与港、粤拥有雄厚资本的财团关系密切，故而称为“资本派”）之间的斗争。特别是国共合作统一战线建立以后，国民党迅速分为左、中、右三派，右派对党内“跨党分子”“共产派”进行无端指责，发起激烈攻击。孙中山面对如此复杂的内部关系，穷于应付，费尽心血进行调和，以致“近年以来，中山精神，消耗于党内之争讧者尤多”[3]。尽管孙中山费尽心思力图调解，依然无法消除内部纷争，甚至许多老党员政见不一，互相抵牾；或为私人利益，纷争迭出，如蒋介石与许崇智、杨蓁等。内耗大大降低了广东革命政府的战斗力，消耗了孙中山大量精力，这令孙中山痛心不已。他不愿意将过多精力用于处理这些难于调解的人际关系，希望通过北伐，使全党上下一心，同心协力，打倒北洋军阀，实现民主革命的胜利。

而更令孙中山头痛的是，客军专横跋扈，为所欲为，危害百姓，大大损害了革命政府的声誉和凝聚力。当时在孙中山革命政府旗帜下的军队，有杨希闵的滇军、刘震寰的桂军、许崇智的粤军、谭延闿的湘军、李福林的福军、樊钟秀的豫军等。这些军队都是1923年初入粤驱陈讨贼有功之部队，除粤军、朱培德的滇军等部分军队真正忠于孙中山，其余都是各怀目的。而客军暂居革命政府之下，假革命之名，行割据之实，居功自傲，在各自驻地专横跋扈，欺压百姓，强行收税，横征暴敛，甚至与当地群众发生流血冲突事件。例如，1924年7月，驻南海县九江的滇军违法苛捐、扰商害民、勒收蚕丝捐及水陆保护费、庇护杂赌，将驻地搞得乌烟瘴气，民怨沸腾，以致出现九江商民罢市，商团、民团与滇军保荣光旅发生冲突；清远民团也与朱世贵部对抗。面对客军的所作所为，孙中山既愤慨又无奈。吴铁城回忆，孙中山有一次正面对杨希闵等说："广东是我桑梓之邦，各人随我来粤是为革命，非为扰民害民，你们这等行为，即为反革命，我何以对粤中父老兄弟。"[4]愤怒之情，溢于言表。但是孙中山不可能与这些客军决裂，更不可能先清除杨希闵、刘震寰等人。原因有三：其一，杨希闵、刘震寰等人在夺回和巩固广东根据地中立下汗马功劳，在社会上和革命阵营内有一定的影响。孙中山与他们的矛盾只是表现为战略上不同意见的分歧，在他们的反动面目未充分暴露之前，孙中山很难抢先下手，采用逮捕、军事镇压等行动。因为孙中山要依靠这些旧军队北伐，就必须讲究信义，笼络各军将领，在没有确凿谋叛证据的情况下，诛戮重要将领，会引起严重后果。谁先打了第一枪，谁就在政治上处于被动。其二，杨、刘等人都握有大批亲信部队。过急的清洗随时都可能触发内战，造成南方局势的动荡，这是孙中山尽力避免发生的事情。其三，中国旧军队的特点是雇佣军私有化。士兵只听上级军官的指挥，不进行彻底的改造，撤换所有的反动军官，就随时会存在军队叛变的可能。当时孙中山所处的环境，还不可能提出并完成改造旧军队为人民军队的任务。面对任意妄为的客军，孙中山亦不可能坐视不理，任其横行，否则就会失去民众对革命政府的信心。因此，处在夹缝中的孙中山异常痛苦，孙中山认为最好的方法就是率军北伐，把这些横行霸道的客军引出广东，打进两湖地区。这样既可以缓解客军在粤的矛盾，又可实现民主革命之理想。

从广州革命政府外部环境来看，帝国主义及反动军阀虎视眈眈，妄想将革命政府扼杀于摇篮之中。其一，英、法等帝国主义武装干涉和破坏。广州革命形势的发展，引起了帝国主义的极大恐慌和不安，并妄图扼杀革命力量。特别是英帝国主义，因为“广东接近香港，差不多什么都受到英国的支配”[5]。广东地区的革命化，不仅意味着帝国主义会丧失对广东的控制权，而且严重威胁到它在香港的殖民统治，所以要千方百计推翻扼杀革命政府。早在1923年12月，当广州革命政府截留粤海关关税余款，要求收回海关主权时，美、英、法、日、意等国为了劫夺广东“关余”，截断革命政府的经济来源，调集兵舰20艘，集中于黄埔，进行威胁。1924年8月，广州革命政府扣留了陈廉伯非法偷运的大批枪械时，英国于8月28日出动9艘军舰集中到广州白鹅潭，将炮口指向中国军舰，公然进行武力恫吓。与此同时，英国总领事向孙中山提出最后通牒，宣称：“英国海军即以合力对待。”[6]英国等列强除直接武力干涉外，还间接支持陈炯明等反动军阀，从香港暗输军械给陈炯明，以香港为陈炯明阴谋密探的中心地，图谋颠覆广州革命政府，并策划商团在革命策源地广州发动反革命叛乱。其二，反动军阀企图推翻广州革命政府。广州革命政府是孙中山在1923年春建立的，经过改组后，政权逐渐得到巩固。但是管辖的范围不大，只限于以广州为中心的珠江三角洲周围的30余县，并且处于反动军阀的包围之中：东面有陈炯明的军队盘踞，南面有邓本殷、申保藩的军队占领，北面有属于直系的方本仁军队。广州革命政府的存在，使反对军阀寝食不安，惊恐万分，所以他们对广州革命政府都居心叵测，恨之入骨，欲置之死地而后快。他们与帝国主义相勾结，一有机会就进攻广州，妄图推翻革命政府，消灭革命势力。

第三，为减轻广东庞大的军费负担，摆脱财政危机。当广东形势在1924年初步稳定后，孙中山面临军费开支庞大、财政困难的危机。当时，孙中山麾下驻扎在广东的军队有13省之多，号称10万人。而广东全省财政收入几乎全在杨希闵、刘震寰的滇、桂军手里。各军分割防区，视如封地，各自收税。孙中山委托廖仲恺统一财政，没有一个军队肯交出钱来，迫使廖仲恺辞职。各军收税尚嫌不足，动辄向大本营索饷，致使大本营财政濒于绝境。“粤东税收五千万，养军行政，本已充裕，今则一物数抽，轻微皆税，民众有仰屋之叹，兵士时有枵腹之忧。”[7]退一步说，即使能实现财政统一，但“养兵以保境，无异扫境以养兵，民疲负担，如何能息?民疲其筋力以负担兵费，犹尚不给，一切建设无从开始”[8]。长期维持一支庞大的军队的开支，尤其在军阀部队各占地盘，把持税收的情况下，孙中山的政府根本没有这样的财政能力。这种局面旷日持久，必会发生内乱。当今之计，唯有早日出师北伐，扩大后方根据地，开辟新财源，北伐军方可取给于沿途各省，缓解革命政府的财政危机。

第四，国内各阶层形成反直的大联合，给孙中山北伐提供良机。1923年10月，曹锟贿选总统后，不顾全国人民的反对，对外厚颜无耻出卖国家利益以获取帝国主义的支持；对内实行反动政策，欺压百姓，穷兵黩武，想扼杀孙中山的广州革命政府，妄图实现武力统一中国的美梦。

曹锟、吴佩孚的倒行逆施激起了全国人民的愤慨。全国各地工会、商会、学生联合会等民众团体纷纷通电声讨，否认国会的存在，否认曹锟这一“猪仔总统”（即总统乃贿赂所得）。孙中山发表致各国政府的宣言，警告各国不得承认这一反动政权。中国共产党通过《向导》周报发表文章，指出“其在中国政治上的影响不仅仅是加强反动而黑暗的军阀政治，而且一定要加强英、美帝国主义在中国的统治权力”[9]。因此，国内各阶层逐步形成了一个势不可挡的反对直系军阀的大联合。

为了共同对付直系军阀，孙中山不得不暂时与奉系张作霖、浙江卢永祥达成协议，结成“粤、奉、浙反直三角同盟”，以牵制和对付直系。1924年9月，江浙战争爆发，卢永祥受到直系包围攻击，情况危急，电请孙中山出兵援助。孙中山权衡时势利弊，认为“浙江、上海实为广东之藩篱，假使曹、吴得逞志于浙江、上海，则广东将有噬脐之祸。故救浙江、上海，亦即以存粤”。[10]而江浙战争打得难分难解之际，正是北伐大好时机。孙中山对国内形势风云变化了如指掌，他深知此时奉直两系忙于战争，无暇南顾，倘若革命政府挥师北伐，抢先打到九江，则北伐工作事半功倍；若待直系战争告一段落，直系兵力掉头南下，北伐就难矣！故孙中山决定于此时挥师北伐。

对于此次北伐决策，在广州革命政府阵营内部曾出现各种意见：国民党内部有支持者，亦有反对者；共产党内部有反对者，也有支持者。作为此次北伐的最高统帅，广州革命政府领袖孙中山作出北伐这样重大的决策，决非受某些集团或某些人的意见左右，或是感情上的一时冲动。他清楚地认识到：不进则退，不是果断地进攻，就会在迟延中蜕变或溃散，消极保守，就会失去时机。即使不发生内变，也只能招致北洋军及其他军阀的进攻，则广东也难以保守。可见，如同历史上诸葛亮六出祁山的战略一样，孙中山出师北伐也是巩固广东政权的一种战略。通过北伐以存粤，防止直系军阀蹂躏广东，危害革命政府，消灭革命势力。更深层的意义是，他想通过北伐去寻找更广阔的政治舞台，为广州革命政府打开新局面，把革命势力从南方推向北方。此次北伐由于后方不稳固、物资缺乏、战略方针失误等因素没有取得成功，但它亦是中国革命进程中不可缺少的一环。因为中国革命是一个复杂、艰难、曲折的历程，谁也不可能毕其功于一役，每一次斗争都为中国革命的胜利作出贡献，此次北伐亦有其重大的意义：一是北伐是真假革命的试金石，坚定孙中山走国共合作道路的信心；二是北伐巩固了广东革命根据地，沉重地打击了直系军阀，在一定程度上反映了人民的愿望；三是北伐传播了革命思想，积累了斗争经验，为1926年北伐取得胜利打下了良好基础。

参考文献

[1][2][7][8] 孙中山选集［M］. 北京：人民出版社，1956：858，877，442.

[3] 诚天. 中山逝世［J］. 国闻周报，1925（5）.

[4] 莫雄. 白马会盟与滇桂粤联军讨伐陈炯明的回忆［M］//广东文史资料：第25辑. 广州：广东人民出版社，1983：245.

[5] 毛泽东选集［M］. 北京：人民出版社，1966：110.

[6] 香港华字日报社. 广东扣械潮：第二卷［M］. 香港：华字日报社，1924. 91.

[9] 独秀. 曹银贿选与中国前途［J］. 向导周报，1923（42）：9，30.

[10] 广东省社会科学院历史研究所，中国社会科学院近代史研究所中华民国史研究所，中山大学历史系孙中山研究室. 孙中山全集：第十一卷［M］. 北京：中华书局，1986：17.

欧日章与曲江农民运动

蒋春容

导　语　欧日章是20世纪20年代曲江农民运动的重要领袖。他领导的曲江西水农民暴动沉重地打击了国民党反动派在曲江的势力，震动了粤北地区，成为北江农暴的重要战例。他为曲江农民运动做出了不可磨灭的贡献。

20世纪初，中国社会矛盾尖锐，广大民众深受三座大山的压迫，农民阶级和封建地主阶级之间的矛盾也一触即发。然而，有压迫的地方就会有反抗。20世纪20年代初，全国范围内掀起了轰轰烈烈的农民运动。1924年，第一次国共合作实现，孙中山提出“联俄、联共、扶助农工”的三大政策，为全国农民运动的蓬勃发展提供了极其便利的条件。此后全国各地农民运动兴起，其中广东的农民运动是全国最早发展起来的。北江（辖十二县，包括曲江、英德、仁化、清远、翁源、南雄、乐昌、始兴、乳源、连山、连县、阳山）位于广东的北部地区，地处广东、江西和湖南三省的交界处，地理位置十分险要，是历代兵家必争之地。而曲江县作为北江的经济、政治、文化中心，农民运动风起云涌。欧日章是曲江农民运动的重要领袖，他为曲江农民运动做出了不可磨灭的贡献，在其短暂的革命生涯中，留下了不朽的功绩。

一、曲江农民运动的领袖——欧日章

欧日章（1892—1929），曲江县重阳（今属韶关武江区）暖水村人。1925年12月光荣地加入中国共产党，成为曲江县最早的三名党员之一。他曾任广东省农民协会北江办事处主任、中共广东省委委员，兼任中共曲江县委常委等要职，领导过曲江农民运动。1929年3月在曲江县龙归镇（今属韶关武江区）耙齿山与敌人战斗时壮烈牺牲。

欧日章9岁时父母相继去世，跟随叔父生活。1912年，20岁的欧日章离开家乡，先后到香港、新加坡谋生。其间，欧日章学过建筑，当过搬运工。在同工人、进步人士的长期接触中，欧日章意识到中国必须进行革命才能强大起来，便在右臂刺上“革命”两字，以示为穷人谋解放的决心。[1]

1924年，欧日章回到家乡曲江县重阳，此时广东已成为大革命的策源地。中国共产党自诞生之日起就非常重视农民运动的发动和领导工作。第一次国共合作后，广东北江各级农民协会也逐渐建立起来。作为北江的政治、经济和文化中心的曲江，农民协会发展得较为迅速。1924年冬，欧日章在曲江重阳暖水村组织成立了村农民协会——犁头会，会员达到100多人，欧日章被选为农民协会负责人。随着农民群众的反抗思想高涨，曲江西水各地纷纷发动建立农会，1925年曲江县第十三区重阳农民协会成立了，欧日章被选为区农会执行委员，并成为曲江县西水地区农民运动的骨干。1925年12月，欧日章加入中国共产党。1926年春，曲江西水的农民运动在欧日章的领导下已发展到高潮。农会干部领导农民开展减租减息运动，并在斗争中发展了一大批党员同志，建立了支部。党支部的成立使农民运动有了领导核心，更利于农民运动的进一步开展。同年5月，曲江县农会进行了改组。由于欧日章领导西水农民运动成绩突出，并且深受农民群众的信任和爱戴，被选为县农协会执行委员。欧日章心系农民群众，专心农会工作，在上级农会派来同志的指导下，深入群众开展调查，并向农民群众宣讲革命理论，整顿农会。曲江县还成立了县农军大队，欧日章任大队长，亲自训练农军，提高农军的战斗力。

二、震惊北江的“龙归惨案”

1927 年初，欧日章调任广东省农民协会北江办事处主任。农历二月初八，曲江县龙归发生了令人痛心的“龙归惨案”。县农民协会召集农会和农军骨干在龙归社学开会，龙归一带以龚耀章、丘超华、陈达楷、龚明堂为首的地主豪绅纠集当地土匪、反动民团 300 多人突袭会场。23 名农会和农军骨干寡不敌众，最终全部被俘，被押到留村河畔杀害。这就是北江农民运动历史上有名的“龙归惨案”。

“龙归惨案”是当地地主豪绅、民团对农会的疯狂打击报复。1926 年仲夏，曲江各区、乡农会正如火如荼地进行减租运动，而乌石街的大地主兼民团团长成玉山在圩会上下令开枪打死一名赶圩的无辜农民，这一事件引起了民愤。农会干部为民伸冤，带领农民群众到成玉山的家和店铺围堵商讨赔偿。迫于农会和农民群众的压力，成玉山答应赔偿死者的损失。但事后，成玉山勾结国民党右派和土匪破坏农民运动，加紧压榨民众。1926 年冬天，曲江农军收到上级指示要配合北伐，除掉乌石街的反动据点。曲江县农军在欧日章、梁展如同志的指挥下，将反动派打得到处窜逃，并活捉了成玉山，把成玉山押往韶关处决。乌石之战后，龙归的地主头目勾结在一起并进行报复，于是策划了“龙归惨案”。

欧日章听闻惨案后非常气愤，立即采取行动。他和梁展如到马坝组织农民自卫军围剿地主武装，在北江农军学校师生和国民革命军左派陈嘉佑部队的协助下，最终抓获并击毙了反动头子。这件事给予地主武装沉重的打击，震慑了反动派的嚣张气焰，同时为农会伸张了正义，彰显了革命的力量。

三、北上参加“南昌起义”

北江农民在中国共产党的领导下，组织农民协会的同时也建立起农民自卫军。从1925年到1927年，短短两年时间，北江的农民自卫军发展到约7 000人，分别活动在清远、英德、曲江、乐昌、南雄、仁化、始兴等地。

1927年蒋介石发动“四一二”反革命政变后，为了保存北江农军的力量，上级指派周其鉴到北江传达广东区委的重要指示。要求广东区委迅速集合和整顿北江地区的农民自卫军，北上武汉，打击国民党反动派。

欧日章在接到上级指示后，积极协助北江特委领导做好农军集中、整编工作。1927年4月底，北江农军加上学生和铁路工人一共1 200多人，分别集中在韶关、南雄、仁化、乐昌等地。大部分农军在韶关宝灵寺（今南华寺）召开北上誓师大会，会上正式宣布成立广东北江工农自卫军北上总指挥部，欧日章在指挥部任参谋工作。欧日章率领的曲江农军编入了叶挺第二十四师教导队，并参加了举世闻名的“南昌起义”。起义失败后，欧日章和起义部队参加了广昌、会昌、汤坑和流沙一系列重要的战斗。流沙战役之后，起义部队被打散。为了保存实力，上级指示农军分散活动，回乡继续组织和发动农民运动。欧日章经由香港回到家乡，继续组织农军武装力量。

四、曲江西水农民暴动

长期以来，北江农民饱受当地军阀、民团和豪绅地主的剥削和压迫，大多数农民在死亡边缘争扎，因而北江的阶级矛盾非常激烈。农民革命的最高形式是武装斗争，1927年8月，中共广东省委传达中央“八七会议”的精神，确定在全省各地组织发动农民暴动。

1927年10月，在中共中央南方局和广东省委的联席会议上，欧日章被选为广东省委委员。不久，他带着党关于组织武装暴动的指示回到家乡曲江重阳，积极筹划农民暴动。此时北江地区的农民运动已经逐渐达到高潮。

回到曲江县重阳乡后，欧日章一方面着手重振农会，健全党组织，凝聚农会力量；另一方面同驻曲江犁铺头的朱德部队秘密联系，请求其支援农民暴动，西水农暴得到了朱德革命部队的大力支持。

自1925年曲江重阳农会成立后，在西水一带组织了第一支农民自卫军。这支农军有30多人参加，后又在马坝、乌石、龙归等区、乡建立农民自卫军，曲江全县农民自卫军发展到1 000多人。武江曾称西水，曲江西水包括重阳、桂头和一六等地，共有十余乡、1 200多户，有近7 000人。西水是曲江范围内反动势力较大的地区，因而西水农民暴动一触即发。

1927年12月22日清晨，曲江县农军的总指挥欧日章带领西水农军和暴动农民100多人，手握步枪、鸟枪、大刀和锄头等武器，与朱德部队的一连官兵汇合发起暴动。他们最先包围重阳大沙洲下村的地主庄院，向地主和民团发起进攻，由此拉开了西水农民暴动的序幕。

由于大沙洲下村的地主武装事先并无防范，所以被农军打得落花流水。暴动初战大捷，农军的革命士气大大提升。几天内，暴动迅速蔓延到附近十多个乡，以重阳为中心的西水农民纷纷团结起来，反抗声势越来越大。西水农民抗租抵债，破仓分粮，没收地主豪绅财产，镇压反动分子。当地土豪劣绅非常恐慌，他们扩充民团，并勾结国民党的第十三军和第十六军进行围攻反扑。1927年12月28日上午，曲江重阳乡的民团头目雷丰霖纠集民团1 000多人围攻水心、暖水和清水塘三个村庄，企图消灭暴动的农军和农民。欧日章面对强大的敌人，镇定自若。他一边指挥农军突围，一边派人请求朱德部队支援。在朱德部队的援助和配合下，他们打退了敌人的多次进攻。

1928年1月，民团得知朱德部队离开了犁铺头，便勾结国民党反动军队共1 000人，向西水一带发动进攻。反动派主要进攻乐夫村和清水塘村，在攻下乐夫村后，又全面围攻清水塘村。

在清水塘村战斗中，欧日章指挥农军与反动派进行了激烈的厮杀。他带领40多名农军和全村百姓严防死守，坚守村中炮楼，用土枪土炮打退了反动民团和国民党正规军的十多次冲锋，坚持了七天七夜。最终，由于寡不敌众，欧日章被迫带领农军突围上山，撤离到庙子岗山上，转为打游击战。

曲江西水暴动是在中国共产党的领导下进行的农民武装革命，呼应了农民反抗压迫的高涨热情，沉重地打击了国民党反动派在曲江的统治，但农暴最终失败了。随着西水农民暴动的失败，西水农民运动也陷入了低潮。北江地区的农民暴动虽都因强大敌人的残酷镇压或准备不足等原因而失败了，但都在不同程度上打击了敌人，扩大了革命影响力，为建立农村革命根据地和游击斗争的开展创造了有利条件。

五、坚持打游击战

1928年2月，长达数月的曲江西水暴动失败后，欧日章率领西水地区的党员、农会干部和农军骨干100多人转移到曲江、乳源、仁化一带坚持打游击战，神出鬼没地打击敌人。

1929年3月，欧日章与率领的30多名农军在龙归耙齿山活动时，被200多名反动派包围。欧日章与农军奋力突围，因敌众我寡，欧日章和战士欧年魁、夏德标三人被迫退守在一个岩洞里，敌人步步紧逼并封锁了洞口。而此时欧日章三人只剩下两颗子弹，虽身处绝境，但他们不愿被俘。最后，欧日章高呼“农民暴动胜利万岁！”“共产党万岁！”最终与欧年魁毅然饮弹殉难，夏德标则冒死冲出洞口，跳下悬崖。欧日章壮烈牺牲后，敌人砍下他的头颅和纹有“革命”二字的手臂，到处游行示威，手段极其残忍。这位年仅37岁的英雄，令人痛心和泪目，同时也让世人由衷地敬佩。

六、结语

毛泽东同志曾在1926年所撰写的《国民革命与农民运动》一文中号

召“有大批的同志，立刻下了决心，去做那组织农民的浩大工作。……挽着农民的手，问他们痛苦些甚么，问他们要些甚么。……引导他们组织起来；引导他们向土豪劣绅争斗；……引导他们参与反帝国主义反军阀的国民革命运动”[5]。欧日章同志正是这浩荡队伍中的一员，他是党优秀的儿子，是曲江农民运动杰出的领袖。他一生都扎根在民众中，致力于曲江农民的解放，为曲江农民谋福利、伸张正义。他赤胆忠心、英勇斗争、不屈不挠，把自己奉献给了党和人民的解放事业，为革命流尽了最后一滴血。他的一生是革命的一生，也是战斗的一生。他领导的曲江农民运动的历史功绩将永远记载在中国共产党的光荣史册之中。新中国成立后，欧日章被追认为革命烈士，在他的家乡重阳建立革命烈士纪念碑，他的名字连同他的革命功绩将永远铭刻在曲江人民心中。他身上承载的西水精神也将永远流传下来，激励着后人不断奋斗前进。

参考文献

[1] 韶关市史志办公室．韶关革命人物［M］．广州：花城出版社，2013.

[2] 中共马坝镇委委员会，马坝镇人民政府．马坝革命风云录［M］．韶关：韶关新华印刷厂，1998.

[3] 廖桂洲，梁观福．一、二战时期的北江农民运动［J］．韶关师专学报，1985（1）．

[4] 中国人民政治协商会议广东省韶关市委员会文化和文史资料委员会．韶关文史资料：第四十九辑：《工农红军在韶关》专辑［M］．韶关：［出版者不详］，2019.

[5] 中共中央文献研究室．毛泽东年谱一八九三——一九四九：上卷［M］．北京：人民出版社，中央文献出版社，1993.

土地革命战争时期韶关农民暴动与中国革命道路的探索——以仁化暴动为例

周四成

导　语　土地革命战争时期，全国农民起义不断。1927 年 6 月至 1928 年 11 月发生的韶关仁化暴动，在中共广东省各级党委领导下，通过武装起义，建立苏维埃政权，开展土地革命，实施武装割据，给韶关国民党反动统治以沉重的打击，形成了与湘南暴动和海陆丰暴动相呼应的格局，为我党在土地革命战争时期探索中国革命新道路提供了宝贵的革命实践经验。

1927 年“四一二”反革命政变和“七一五”反革命政变后，国共第一次合作破裂。中国共产党人不畏国民党血腥大屠杀，决心通过领导组织各地的革命武装起义，来反抗国民党反动派的白色恐怖，开辟独立领导中国民主革命的道路。1927 年 6 月 23 日开始爆发的韶关仁化农民暴动，被中共广东省委称为“农民暴动中最伟大的战斗”[1]，它与湘南暴动和海陆丰暴动相呼应，为中国共产党对政权和军队的建设、领导暴力革命活动提供了宝贵的经验。仁化暴动是一次极具影响力的革命暴动实践，对我党在土地革命时期探索中国革命新道路具有重要的启示作用。

一、仁化暴动的过程

大革命时期，广东的革命态势特别是农民运动的基础较好，是当时中国共产党探索革命新道路的重要根据地。国共第一次合作后，在中国共产党的不懈努力推动下，广东各地农民运动蓬勃发展，韶关仁化的农民运动也随之迅速展开，仁化成为中共广东省委指定广东暴动三大中心（广州、东江、北江）之一——北江暴动的中心。在 1924—1927 年的大革命中，仁化的农民运动得到进一步发展，为日后的武装暴动提供了良好的前提条件。

1924 年冬，广东东江地区农民运动如火如荼开展的消息传到仁化后，引起民众极大的震动。当地一些农民运动骨干在农民中积极宣传东江农民运动开展的情况，鼓动农民起来与地主、土豪进行抗争。1925 年 7 月，广东省委派谭昆等一批中共党员到仁化董塘，精心地发动和组织农民开展运动。同年秋，时任中共广东区委常委的阮啸仙来到仁化，亲自指导和帮助农民组建农民协会和农民自卫军。他领导农民群众开展反封建的斗争，打击土豪劣绅，废除苛捐杂税，减租减息，开展禁烟禁赌，这一系列措施受到了当地农民的热烈响应，广大农民积极主动地配合这一系列革命行动。当地民众主动参加革命的高涨热情，为后来党领导的革命武装暴动创造了良好的群众基础。

1926 年 3 月开始，仁化的附城、董塘、城口成立农民协会执行委员会，其他区乡的农民协会也陆续跟随成立农民协会执行委员会。由此，仁化全县各地都有了自己的农民协会组织。6 月，仁化各区农民协会根据广东省委颁布的《农民自卫军组织大纲》，纷纷筹建农民自卫军。10 月至 11 月间，各区农民协会挑选青壮年农民积极分子，去董塘区农民自卫军模范队训练班参加培训，主要学习政治及相关的军事科目，训练班先后有 30 多人经过培训，成为仁化县基层农民运动的军事骨干。12 月，在韶关创办的北江农军学校里，仁化选派的谭广居、邓祝三等人在学习期间表现优秀，光荣地加入了中国共产党，成为仁化第一批农民党员。他们在后来的仁化农民暴动中，都成为农民自卫军的骨干力量。为便于统一领导和组织各县农民运动，1926 年冬，成立中共北江地方执行委员会，以卓庆坚为书记，驻地在韶关。仁化县也建立了党支部，隶属于中共北江地委领导。[2]

“四一二”反革命政变后，广东的国民党当局追随蒋介石，在 1927 年 4 月 15 日李济深下令实行“清党”行动。他们在广州大肆抓捕、迫害共产党员，广东革命力量损失惨重。李济深还命令国民党广东省特别委员会改组、操控全省农会。在广东全省内，一场以清党反共、镇压工农群众为主的反革命白色恐怖行动迅速展开。

在仁化县，以谢梅生为首的土豪劣绅组织仁化“清党”委员会，与地方反动武装民团土匪勾结，进攻全县各地的农会，并四处搜捕、残杀共产党员和农会干部。

为响应中共中央的号召，“打倒军事专政”“推翻新军阀蒋介石”，1927 年 5 月上旬，仁化董塘区农会根据广东省委指示，一方面选派 140 多名农民自卫军，与清远、南雄等县农军共 1 200 多人组成了北江农军，由中央农民部特派员宋华同志率领军队集中北上，支持武汉革命政府，反对蒋介石叛变革命；另一方面，积极组织留守的农军和群众，多次击退地主民团反动势力的疯狂反扑。随后，中共仁化县委又联合途中遇“马日事变”、北上受阻折返的部分农军，与湖南汝城、曲江、乐昌农军汇合，统一由叶凤章、邓祝三等指挥。在 6 月 23 日攻下仁化县城，焚烧县衙门，驱赶反动势力，破监救出被关押的 300 多名农会干部和革命群众，并缴获枪支弹药及各类物资一批。随后农民自卫军主动撤出县城，分两路转移到仁化渐溪山和湘南山区农村，坚持打游击战进行武装抗争。

1927 年 8 月 3 日，中共广东省委根据中共中央关于组织发动农民秋收暴动的精神，先后制定了关于农民运动和各县市暴动的工作等文件，全面安排部署广东的秋收暴动。在省委的组织领导下，到 11 月，广东全省共有 30 多个县市举行了秋收起义。12 月中旬，共产党员张太雷、叶挺等领导了广州起义，中共中央认为："广州暴动是广东总暴动的开始，是全国各地工农暴动的信号"[3]，立即要求广东其他县市党组织行动起来，发动暴动配合广州起义。中央指示隐蔽在驻守粤北范石生部的朱德、陈毅领导的南昌起义军余部，要积极参加地方的农民暴动，"扩大和深入北江的土地革命，成为北江农暴的主要副力，造成海陆丰农暴割据东江的同样的局面"[4]，威慑国民党反动派在广东的统治秩序。

为进一步加强党对仁化武装暴动的领导工作，1928 年 1 月，受中共广东省委委派，阮啸仙赶赴仁化县指导农民暴动。1 月 27 日，在董塘武装暴动大会上，阮啸仙鼓动民众起来发动武装暴动，杀地主土豪，夺取他们的田地，成立苏维埃革命政权。2 月 13 日，县委和县革命委员会决定，指派独立团领导以及各方代表，率领数百名拿尖刀、锄头等武器的农民，凌晨从董塘出发进攻县城，打败了当地反动武装和地主民团，顺利占领仁化县城，缴获大批枪支弹药，进一步壮大了自己的武装力量。县委随即发表暴动政纲，号召全县人民立即起来举行全县大暴动，推翻反动派政权，占领城镇乡村，实施武装割据。在随后的几个月中，农民自卫军在董塘区击败了地主民团的多次疯狂反扑，并取得了华阳寨作战突围的胜利。

仁化暴动过程中，广大革命军人和农民齐心协力共同御敌，直到 11 月 12 日石塘寨失守，起义才最终失败。在惨烈的石塘双峰寨保卫战中，第八独立团第四营和部分革命群众共 700 多人，从 1928 年 3 月 12 日开始，据寨坚守长达 8 个月之久。国民党调动近四个团的兵力进行长期围困和猛烈进攻，用大炮、飞机多次轰炸，革命军民英勇奋战，宁死不屈，最终弹尽粮绝，被迫分四路突围，50 多人突围进入山区，大部分被捕或牺牲。在双峰寨保卫战中，守寨军民共毙敌 100 多人，我方黄梅林等 400 多人壮烈牺牲。仁化暴动是共产党人运用革命武装暴动的手段，对国民党的血腥屠杀的有力回击，它沉重地打击了国民党反动派在仁化的统治，震撼了粤北大地，其暴动持续时间之长，是我党在土地革命战争中领导武装暴动坚持时间长久的突出代表。

二、仁化暴动的特点和历史地位

仁化暴动是广东党组织在“四一二”反革命政变后，革命陷入低潮时，中国共产党人对中国革命新道路走向的一次有益探索。虽然暴动失败了，但仁化暴动以武装起义的斗争形式，坚决回击了国民党对革命的背叛和血腥大屠杀，在粤北掀起武装暴动的高潮。仁化暴动与海陆丰暴动相呼应，极大地扰乱了国民党在广东的统治秩序。它是我党在遭受严重挫折，继续探索革命道路中具有重要现实意义的一次武装暴动，也是我党在土地革命战争时期领导的众多武装暴动中特点鲜明的一次武装暴动。

第一，暴动时间早、持续时间长、目标明确。仁化暴动起始于 1927 年 6 月 23 日，到 1928 年 11 月结束，时间长达一年零五个月。其间虽历经反复和波折，但它是在中共中央尚未全面部署如何反抗国民党背叛革命的情况下，仁化地区党和群众主动对国民党反动派进行的反击。它破坏了国民党在仁化的统治秩序，壮大了仁化地区的革命力量，同时也对蒋介石背叛革命进行了有力回击。

第二，参加人数多，据寨坚守，长期威慑敌人。仁化暴动从 1927 年 6 月开始，先后有近两万名农民自卫军和群众积极参加武装斗争，规模声势浩大。在遭到地主民团及国民党军队的凶猛反扑和围攻时，广大军民英勇抵抗，先后在董塘两次击退敌人进攻。在华阳寨和石塘双峰寨保卫战中，军民两次据寨坚守，浴血战斗，前后长达近 10 个月，沉重打击了敌人的嚣张气焰。

第三，采取正确的战术，实行武装割据。仁化农民武装暴动发生在“四一二”反革命政变后不久，也是较早地通过武装暴动夺取城镇，建立红色政权的革命实践先导之一。暴动的军民与朱德、陈毅领导的部队紧密联系，运用游击战术，实行武装割据，使仁化形成“海陆丰第二”的割据局面，成为广东省三大暴动中心之一，为支援广州起义、发动湘南暴动和井冈山根据地的武装斗争奠定了重要基础。

尽管仁化暴动最终失败了，但它在当时党领导的革命斗争中具有重要的地位，其表现在：

第一，策应了湘南暴动，配合了井冈山革命根据地的斗争。

1927 年 11 月 26 日至 28 日，辗转湘南的朱德、陈毅在湖南汝城主持召开有粤北、湘南党负责人参加的汝城会议，商讨在湘南发起暴动的事宜。会后，仁化代表回去“宣传了汝城会议的精神，使党员干部明确大革命失败后党的根本任务是以革命的武装推翻国民党反动统治，建立工农政权”[5]。1928 年 1 月 5 日，在朱德、陈毅部队的帮助下，仁化暴动军民攻占了县城，救出关在监狱里的 50 多名农友，缴获一大批枪支弹药，筹集了必备的粮款。随后，朱德、陈毅率部队从仁化进入湘南，于 1928 年 1 月 22 日智取宜章县城，从此，拉开了湘南暴动的序幕。湘南十多个县先后暴动，党组织领导发动群众，杀土豪劣绅，建立苏维埃革命政权。广大人民群众积极参加暴动，工农革命军迅速发展，人数最多时达到 1 万余人。4 月，起义部队在与国民党多路重兵鏖战后，突破敌人的围堵，在朱德、陈毅的率领下，一路转战进入井冈山革命根据地。仁化暴动发生在前，湘南暴动发生在后，一先一后相连贯，在粤北和湘南两地，一南一北相互配合，沉重地打击了粤北和湘南两个地区国民党的反动统治势力。湘南暴动的发动和快速发展，离不开仁化暴动的积极策应作用。仁化暴动一直坚持到 1928 年 11 月，这也使得大批粤军无法全力参加对井冈山革命根据地的第一、二次“围剿”，在一定程度上减轻了中央苏区的军事压力，有力地配合了井冈山革命根据地的武装斗争。

第二，仁化暴动与海陆丰暴动相呼应。

广州“四一五”反革命政变后，广东全省的农民运动遭受了严重的挫折，各级农民协会和农民自卫军被国民党改编和吞并，摧残严重，仅海陆丰和北江地区两处例外。1928 年 2 月 13 日，仁化农军再次攻占县城，并多次粉碎了敌人的凶猛反扑，21 日农军退守到安岗华阳寨，仁化县委从农军思想、军事训练等方面着手，提升他们的战斗力，开展反“围剿”斗争。1928 年 3 月 6 日，中共中央发文指出：“广东海陆丰的苏维埃政府，发动四周的农民暴动。北江、仁化、乐昌一带，农民也已经暴动起来，建立了苏维埃政权。”[6]在多方努力下，仁化暴动的农军在敌强我弱的对抗中坚守割据近 10 个月，有力震慑了敌人。仁化暴动与海陆丰暴动南北呼应，沉重打击了广东省的反革命势力，为全国革命局势（特别是湘鄂赣粤四省）的发展做出了重要贡献，中共中央对于广东仁化暴动的影响和作用给予了高度评价。

三、仁化暴动对中国革命道路探索的重要启示

仁化暴动长达 17 个多月的时间里，北江特委和仁化党组织领导农军和广大民众与反动势力进行了艰苦卓绝的斗争。虽然暴动最终失败了，但其中的经验教训，对我党在土地革命时期探索中国革命新道路具有重要的启示作用。

首先，仁化暴动对政权建设进行了初步的实践。大革命失败后，共产国际指示先占城市，后取农村的武装暴动策略给中国革命造成了巨大的损失。在总结以往斗争经验后，为更好地与国民党反动派进行斗争，1928 年 1 月，中共广东省委派遣阮啸仙到仁化主导农民暴动工作，整顿农民协会及自卫军，并大力加强当地各党组织之间的联系。1 月 23 日中共仁化县委成立，1 月 28 日仁化暴动后，建立了以阮啸仙为主席的安岗乡苏维埃政府。此后，安岗乡苏维埃政府与其他乡的苏维埃政府一起，联合成立了仁化县革命委员会。革命委员会负责全县革命武装的指挥，领导和组织广大群众进行工农武装割据实践，开展与土豪劣绅斗争、分田地的土地革命斗争。仁化的苏维埃政权建立较早，县委采取的一系列巩固、发展苏维埃政权建设的措施，是中国共产党在农村探索建立和发展革命政权具有重要意义的实践。

其次，仁化暴动为我党军队的建立和发展做出了有意义的初步探索。

仁化暴动中，县委积极建立革命武装。朱德、陈毅率部两次来仁化，都大力发动农民和群众，帮助他们组织和发展武装。仁化暴动后，仁化农民自卫军经过整顿，由朱德部帮其整编为工农革命军独立第四团，壮大了当地的武装力量。在阮啸仙等人的努力下，仁化构建了以安岗赤卫队为范的全县武装力量配置。1928 年 2 月 4 日，仁化县革命委员会和朱德部商定，将工农革命军独立第四团改编成广东工农革命军北路第八独立团。朱德派来的滕代顺、杨开平等军事骨干担任该团各级领导，并负责训练各乡农民武装、领导打击敌人的军事工作。仁化县委还进一步发动各乡农民，组织农民起来进行武装斗争，形成全民皆兵的态势。仁化暴动将正规部队和地方武装相结合的武装力量新形式，对我党探索在农村建立和发展革命军队有着积极的作用，有利于革命队伍的发展壮大，有利于加强革命武装力量。这也是我党在城市中心论起义失败后，将部队撤退至农村，开展农民运动并与之相结合，巩固和壮大革命军队的成功探索。

最后，仁化暴动是我党在农村建立根据地，发动群众进行土地革命的一次尝试。仁化暴动后，仁化县党委积极领导和发动农民，与地主土豪作斗争。1928 年 1 月 27 日，董塘区武装大会通过没收地主的土地归农民所有的提案。会后，仁化县委及各农民协会领导农民镇压地主豪绅、开挖田基，担地主豪绅的谷石，造册分土地，农民翻了身，当家做主人，获得了梦寐以求的土地。[7]为保卫已获得的土地，仁化广大农民积极参加农民革命军，并主动为第八独立团筹集粮款、武器、药品等各类物资，形成了全民武装的局面。在农民自卫队和群众配合下，1928 年 2 月，第八独立团攻占仁化县城，夺取一批军械和粮食。随后，第八独立团主动退出县城，撤回到农村开展斗争，巩固在农村已经取得的成果。正是由于在暴动中，仁化县委注意将武装斗争、苏维埃政权建设与土地革命结合起来，维护了人民群众的切身利益，调动了广大农民的积极性，才使农民在斗争时有着趋同的政治倾向，更有动力支持武装起义反抗反动派，也有力地支撑了仁化暴动的持久性。中共仁化县委及第八独立团的领导者以现实为基础，避开敌人强势力量所在的城市，坚持在农村建立和发展政权。这些相应的举措为党开始建立农村根据地，进行武装斗争，开展土地革命斗争提供了极其有益的实践经验。

综上所述，发生在1927年6月—1928年11月的仁化暴动，以武装暴动的革命方式，有力地打击了国民党反动派的嚣张气势，在粤北掀起了武装暴动高潮。仁化暴动时间早、持续时间长、目标明确、守土割据、长期威慑敌人，把武装斗争与土地革命、建立苏维埃政权结合起来。这些都为我党在土地革命战争中开展工农武装割据，走农村包围城市、武装夺取政权革命道路的探索，起到了极其重要的引导作用。

虽然仁化暴动失败了，但它及时主动地武装反抗国民党反动派的统治，强有力地反击国民党反动派的血腥屠杀，为中国革命理论和新道路探索做出的贡献将永远铭刻在历史的丰碑上。

参考文献

[1] 石静莹. 仁化暴动：广东农民暴动中最伟大的战斗 [J]. 南方，2021 (7)：46 -47.

[2] 中共广东省委组织部，中共广东省委党史研究室，广东省档案馆. 中国共产党广东省组织史资料：上册 [M]. 北京：中共党史出版社，1994：46.

[3] 中共中央党史资料征集委员会，中共广东省委党史资料征集委员会，广东革命历史博物馆. 广州起义 [M]. 北京：中共党史资料出版社，1988 ：221.

[4] 中央档案馆. 南昌起义：资料选辑 [M]. 北京：中共中央党校出版社，1981：67.

[5] 中共仁化县委党史研究室. 仁化党史研究资料选编 ：1923—1949 [M]. 内部刊印，1997：653 .

［6］中共中央文献研究室，中央档案馆．建党以来重要文献选编：1921—1949：第五册［M］．北京：中央文献出版社，2011：125.

［7］仁化县史志办公室．中国共产党仁化县地方史：第一卷：1925—1949［M］．北京：中共党史出版社，2006：55.

论红七军在韶关的革命活动

杨华山

导　语　大革命失败后，邓小平等领导了广西百色起义，诞生了中国工农红军第七军。在国民党军队的围攻之下，加之中央“左”倾冒险主义的错误，红七军在广西无法立足，根据中央决定向江西中央根据地集中。红七军经广西、湖南于1931年1月进入粤北韶关地区，相继在梅花圩遭遇重创、在乐昌抢渡武江被分断，最终于1931年7在江西与中央红军会师，编入红三军团。邓小平率领的红七军在韶关地区既经历了严重挫折，同时也切身感受到了韶关人民对革命事业的热情。红七军在韶关地区的英勇战斗与流血牺牲是韶关红色文化的重要组成部分，是韶关人民宝贵的精神财富。

大革命失败后，邓小平、李明瑞等在广西发动百色起义，建立了左右江革命根据地。但处于国民党反动派，尤其是当地的桂系军阀的镇压和“围剿”情况下，1930年10月，总指挥李明瑞、总政委邓小平、军长张云逸等率领红七军主力七千余人实行战略转移，计划进攻柳州、桂林，还提出“打到广州去”。红七军一路向东，一路攻坚，也一路遭遇重大挫折。两个月的时间，部队已由七千多人锐减至三四千人，红七军意识到已不可能进攻柳州、桂林了，于是决定到湘南立足，前往桂湘粤三省交界处的桂岭。鉴于减员严重，故将部队缩编为两个团，原十九师缩编为五十五团，原二十师缩编为五十八团。在桂岭修整四天后，红七军向粤北连州进发，红七军正式进入了韶关地区。

一、从广西到粤北

连州今属清远市辖，清远于 1988 年设置为地级市，此前清远多数地区包括连州等属韶关管辖。

1931 年 1 月，红七军进入连州的东陂圩。部队在此讨论是否攻打连州，经权衡利弊，最后决定到北江湘南宜章一带立足。因为该地有一定群众基础，且该地多险要山地。

五十八团第二营教导队长、黄埔军校一期生冯达飞（缩编前五十八团团长）随军回到了故乡东陂。由于国民党政府的反动宣传和欺骗，红七军进入东陂时，当地老百姓几乎逃避一空，连冯达飞的妻子也不知去向。为取得百姓支持，解决部队筹饷问题，冯达飞利用乡亲身份，宣传党和红军的思想宗旨，取得了乡亲们的信任。星子镇商会的丁会长还称赞红军是"仁义之师"，赠送了千余大洋和十多头肥猪到军部慰问。部队到达连州后并未决心攻城，仅作了较小的战斗尝试，不到五分钟即死伤二十余人。武冈的教训在前，红七军没有再攻，只在连州外城停留筹款。由于卓有成效的群众动员工作，加之敌人放火烧街时，红军奋勇救火，红军声誉得到大大提高，感动了群众，"市民们感激地抬着十几头烧猪到军部慰劳亲人；连州商会答应筹集的四万大洋也如数送来。此外，部队还筹集到千多包大米、百多头生猪以及布匹、药材等物资，军需得到了较好的补充，筹饷的目的已经达到"[1]。有些连州热血青年还加入了红军。冯达飞护送一批红军伤病员到双喜山基督教会的惠民医院时，医务人员因误信谣言都逃走了，但牧师梁日新和礼拜堂主任黄师度收留了伤病员。他们请来了退职军医陈义池负责医治，在几位教友的协助下，使几十名轻伤病员很快治愈归队。另几十名重伤病员则留了下来，躲过了国民党的杀害，后来陆续康复回到了部队。

在连州期间，红七军还联系上了潜伏在当地的地下党组织，赠送给了他们20余支步枪，延续和扩大了革命火种。为避免去北江的大路上遭遇敌军，红七军预想经过乳源大山，特与附近山中的土匪代表进行联系。同时想派人打入土匪内部，但因时短，土匪心多疑忌，没有收到什么效果。尽管如此，相对于到连州之前屡遭挫折来说，红七军初入粤北连州，相对顺利并颇有收获。

这时传来粤军邓辉一团来援连州的消息，红七军在一山地布好阵势，决定消灭该团。他们在山地驻三日，一面做群众工作，一面休息兵力，但又得报告说并无敌人来，故决定出星子经黄沙埠到北江。

二、血战梅花

1931年1月30日，红七军经过宜章的岩泉抵达乳源的梅花圩（今属乐昌市）。这里是一个群山环抱的小盆地，有两三百家居民，有利于部队休整，但想不到在这里与敌军遭遇了一场异常惨烈的战斗。

到梅花之初，按原计划红七军在当地创立苏维埃政权，发动土地革命斗争并补充红军革命力量。发动群众的工作在几天内也有相当的成绩，并即刻武装了几十个农民，下发了60支枪。但良好的开局很快被来犯之敌无情打断。2月3日，红七军得到情报说粤军邓辉一个团从星子方向追击而来。红七军认为敌人只有一个团，是消灭敌军的大好机会。于是决定布置阵地消灭该敌，指挥部设在梅花西北角的莲花庙，左翼为五十五团，右翼为五十八团，准备迎击邓辉团的进攻。

战斗打响后，越打越激烈，这时红七军才发现情报有误，敌军不是一个团，而是三个团（据参战的红七军干部莫文骅回忆“对敌情了解不确实，总以为是一个团，其实是四个团”[2]）。除粤军邓辉团外，另有湖南的唐伯寅团和陈龙团从坪石方向过来。敌军占据人数和武器优势，轮番进攻，战斗异常惨烈。政委邓小平也亲临五十八团指挥，红军将士奋勇杀敌，先后打退了敌军七次冲锋。

黄昏时分，李谦（缩编前二十师师长）营长利用战斗间隙进行动员："坚持到天黑，就是胜利！"敌人也利用这一时刻，拼命发起第八次冲锋。李谦亲率一个排又把敌人压了下去，并乘胜追击逃敌。突然，一声冷枪把李谦打倒了。当战士们把他扶起时，他睁开双眼，手指敌方喊道："不要管我，冲上去！"说完便昏迷了过去。

夜幕降临，战斗停了下来。张云逸军长、邓小平政委都来到已护送到军指挥所的李谦身旁，抚摸他的前额，检查他的伤口。李谦苏醒过来，见到首长，吃力地说："我没有很好地完成党交给我的任务……"首长们亲切地说："李谦同志，你们打退敌人多次进攻，任务完成得很好！"不久，这位优秀的红军指挥员、忠诚的共产党员，便离开人间，献出宝贵的生命！[3]

夜幕降临，经过五个小时的残酷恶战，红七军虽然歼敌一千多人，但自身也伤亡约七百人。重要干部李谦营长、章健营长（缩编前五十五团团长）牺牲；营长袁振武（缩编前五十九团团长），营长李显、王展等人负伤，"全军干部损伤过半，真令人痛哭"[4]。"损失异常惨重！战士的鲜血染红了梅花村的高山深谷。"[5]

梅花一战如此惨烈，使邓小平无法忘怀，以至于60多年后当他再次来到广东时，依然万分惋惜地说："在梅花一仗中，牺牲了许多重要干部，比如李谦！"[6]和冯达飞一样，李谦也是黄埔军校第一期学员，骁勇善战，是红七军的优秀党员和指挥员，他的牺牲使邓小平格外痛心。红七军张云逸军长在新中国成立后也说："李谦同志的牺牲，使我失去了一个有力的助手。"[7]

梅花作战失败后，红七军退入山中。前委决定放弃在粤北湘南一带建立根据地的计划，任命张翼为五十五团团长，冯达飞为五十八团团长，速出乐昌，向江西前进，到中央苏区与中央红军会合，以便在中央苏区休整。

三、抢渡武江

红七军退出战斗当晚，天上飘着雪花，部队在泥泞不堪的道路上急速向乐昌方向前进。经过两昼夜的急行军，到达了武江边的杨溪渡口，只要渡过武江就能进入江西苏区。但面对又深又急的武江，无法徒步过河。弯弯曲曲的河岸浅滩上只有两艘小船，这是唯一可以利用的渡河工具。总指挥李明瑞、政委邓小平和军长张云逸决定："邓政委率领五十五团先渡，张军长率领五十八团和军直属队殿后，一旦发生敌情，前后掩护。"[8]两只船一次顶多能渡过二十来人，往返需要十几分钟。后面的辎重马匹和伤员病号陆续赶到，岸上挤满了等着摆渡的人群。下午三点多钟，邓政委所率领的五十五团渡过河去，控制了滩头阵地，没有发现敌情。两个多小时后，五十八团的大部分武装也跟着渡过去了，只剩下张云逸军长带着一个特务连（即警卫连）、两个步兵连和卫生队、休养连、供给处等非战斗人员，共五六百人尚待过河。就在这时，河对岸突然响起了密集的枪声，紧接着飞过来几颗炮弹。原来是粤军陈济棠派郭润华团从韶关乘汽车到达了武江边，邓小平指挥已渡河的五十五团与敌激战，掩护未过河的部队继续渡河。但敌军封锁了江心，邓小平令渡船返回并通知张云逸军长停止渡河，相机前进。乐昌警卫队和韶关方向增援的敌军源源不断抵达，分三路对已过河部队展开攻击。邓小平只得率领五十五团和五十八团一部退出战场，按原定计划向仁化、崇义方向前行。

敌军占领了河岸，并在岸边架炮准备炮击未过河的几百人。张云逸军长审时度势，命令部队后退三十里，至此红七军被敌截为两段。

张云逸军长率领未能渡河的部队于当晚退到了半岗岭瑶寨，由瑶族同胞邓安德引导通过瑶山哨口，到过水洞住宿，次日重返大坪村。7 日在中共地下党的帮助下，部队到达水口渡头，用一只渡船将部队全部渡过了武江，进入了湖南。

在梅花血战和抢渡武江的过程中，红七军都得到了当地地下党和群众的大力支持与帮助。部队退出梅花时，把四百多名伤病员（邓小平在《红七军工作报告》中说“伤病员不下二百”[9]），交给中共梅花区特支负责人之一杨高林，由杨高林把伤病员秘密转移到大桥的铁龙头村。当时隆冬腊月，满天冰雪，伤病员们个个又饿又累。张金泮立即发动村中群众煮了六担红薯送给伤病员吃，又在当天下午宰了一头一百多斤重的大肥猪招待伤病员。两天后张云逸率未过江的五十五团红军转到大桥横溪的下湾村，负轻伤已能走动的三百多名伤病员跟随张军长离开了铁龙头村，余下四十多名行走不便的重伤员继续留在铁龙头村掩蔽养伤。张金泮还请来附近岗头村的土医生陈光六为伤员疗伤。为了安全，张金泮将重伤员安排到曲潭山坳茅厂隐蔽。经过三个多月的精心护疗，农历三月初，大部分伤病员基本痊愈，他们商量去江西寻找部队，经横溪群众指路，来到必背兰坑瑶寨找到赵志田。在瑶寨住了五天后，“由赵志田作向导，从兰坑到公坑—方阔—草田坪，绕出大瑶山，到桂头圩，从桂头圩渡武江，去江西跟随红七军大部队”[10]。

红七军于1931年1月16日进入粤北连州，2月6日七军一分为二，李明瑞、邓小平率领大部渡过武江，经仁化县石塘、董塘、恩村，7日到达长江镇，次日进入江西崇义。同时，张云逸率领未及渡江的余部辗转从乐昌进入湖南。红七军在粤北韶关经历的时间总计不过20余天，但对于红七军来说，却影响深远。

四、经验总结

红七军自广西左右江革命根据地出发，横跨广西、湖南、广东、江西，到达中央根据地。红七军的“小长征”转战七千里[11]（也有说“9 000里长征”[12]），由出发时的六七千人，到江西时只剩两三千人，人员折损过半，牺牲不可谓不巨。这样重大的挫折，当然需要认真总结经验。

过去的事件不可能挽回，但历史却需要反思。事实上，中国共产党正是在科学总结失败教训的基础上才一步步最终走向成功的。作为红七军前委书记和政治委员，邓小平到达江西崇义后即转道上海向中共中央汇报，于1931年4月29日在上海向中央写了《红七军工作报告》。在报告中，邓小平简要叙述了红七军的战斗历程，并总结出工作中的十项主要错误。其中第一个错误是处处以军事为中心决定一切问题，而不是以群众为中心，不注重发动群众，以至于到处站不住脚，一直跑到赣南。第二个错误关于是否应该离开右江。邓小平认为红七军留在右江作用太小，而且给养困难，故应该离开右江，而且他认为出右江还太迟了。到江西是正确的，但应该一路执行正确的发动群众的路线，而不是一直跑到江西。对于在梅花一带建立小北江根据地，邓小平也认为这是一个错误的决定。“梅花一带对湘粤影响固大，正因为如此，敌人之注意力亦大，敌必不惜一切来进攻，在七军本身力量及群众未起来之际是无法占住的。当时七军应迅速到江西，果如此也不会有梅花之损失了，因梅花之役在该地工作的决定之下不能不打的，固然侦察不好也是一个失败的原因。”[13]还有其他错误如集中攻坚、轻敌、侦探工作太差、富农路线、坚决执行“立三路线”等。

以上总结当然有道理。红军如果缺乏群众的强力支持，是无法立足的。至于是否应该离开右江以及离开右江以后的方向，也许值得进一步探讨。对比其他根据地，可能更能说明问题。

中央苏区无疑是当时势力最大的根据地，但随着中央苏区的不断扩展，越来越引起国民党政府的重视，一次比一次严峻的“围剿”使中央苏区面临着越来越大的困难，加之大量青壮年加入红军，既影响了苏区的农业生产经济建设，军队的给养也不容乐观。如果各根据地的红军只要无法立足就都向中央苏区集中，不仅增加了中央苏区的压力，而且给国民党政府重军合围制造了机会。事实也说明了，分散在全国各地的根据地更有利于党和红军的生存与发展。分散的各根据地可以相互配合、相互支援，统一行动，协同牵制和打击敌人。当然红七军到达中央苏区时只有两三千人马，人数不多，影响不大。此后红四方面军在国民党的“围剿”下离开鄂豫皖根据地，并没有汇入中央根据地，而是越过平汉线，一路向西，终于建立了川陕根据地，不仅立稳脚跟，而且壮大了力量。后来的中央红军长征与其会师时，中央红军不足两万人，而红四方面军有八九万人，两大方面军的会师大大增强了红军的力量，也预示了国民党对红军围追堵截的失败。红二、六军团虽然遭遇敌军的不断“围剿”，但立足于湘鄂西地区，并未向中央苏区靠拢。反倒是中央苏区在第五次反“围剿”失败后，长征的最初目标是到达湘鄂西与红二、六军团会合。如果红二、六军团在战斗失利时不是独立作战而是向中央根据地汇集，就不可能发展为后来的红二方面军。偏处西北的陕甘根据地更有特殊的意义，成为红军结束长征的终点，从而开启了中国革命的新阶段。

对于红七军来说，在左右江地区发动群众，进行土地革命，壮大红军力量是最理想的状态。即使在左右江地区立足不稳，也可以利用西南地区远离国民党统治中心、西南地方军阀割据矛盾尖锐的形势，在桂、黔、川、滇周边游击发展，建立根据地。如果成功，这将与湘鄂西根据地一样，也能成为此后中央红军长征的目的地，并成为中央红军长征途中汇聚的一支有生力量。事实上，根据红七军前委安排，主力离开右江后，韦拔群带领第二十一师留在当地坚持战斗。虽然后来师长韦拔群、政委陈洪涛相继牺牲，但党领导的滇黔桂边游击区击败了敌人无数次残酷“清剿”，坚持革命斗争，直至全面抗战才停止活动。这也说明滇黔桂地区并非不具备建立根据地或游击区的条件。

总结认为，红七军在梅花一带建立根据地的决定是一个错误。这个反思无疑是正确的。梅花邻近联通湘粤的战略要地韶关，交通便利。当时粤汉铁路虽未全线贯通，但广州至韶关段、武昌至株洲段早就开通，株韶段也正在建设，无论是国民党政府，还是广东地方军阀，对韶关地区都倍加重视。从红七军到达韶关地区，国民党军队的行动迅速即可知一二。其实，即使红七军的目标是中央苏区，如果一路不作停留，而是在地下党的帮助下，迅速到达江西苏区，也并非不可行，应该不至于像发生的那样遭受重大挫败。

红七军在韶关地区虽被国民党军队重挫，但同时也受到韶关地下党和人民群众的支持与照顾，因而减少了损失，到达了预定目标江西苏区。邓小平率领七军大部先期抵达崇义后前往上海向党中央汇报工作。张云逸带领的七军一部经韶关乐昌入湖南，转战宜章、资兴、汝城、桂东，6 月进入江西，在永新，红七军两部终于会合。1931 年 7 月，红七军到达兴国，与中央红军胜利会师，归红三军团建制。1933 年中央红军进行整编，取消军一级编制，红七军番号取消。该部被缩编为红三军团第五师，随红三军团参加了中央苏区第三、四、五次反“围剿”，中央红军开始长征后，红三军团为右路前卫。编入中央红军系列后的红七军是否在韶关战斗过，恐怕难以分辨清楚。1955 年中国人民解放军首次授衔时，原红七军中共有 19 位将军，其中 1 位大将（张云逸，曾任红七军军长）、2 位上将（韦国清，曾任红七军连长；李天佑，曾任红七军特务连连长）、4 位中将和 12 位少将。他们的从军经历或多或少与韶关有关。

红七军在韶关的时间虽短，但他们听党指挥信念坚定的忠诚品质、迎难而上不畏艰险的牺牲精神、坚忍不拔勇往直前的英雄气概，既体现了中国工农红军的革命英雄主义精神，也为韶关注入和积淀了红色文化的气质与底蕴，这是韶关人民必须珍视与弘扬的宝贵精神财富。

韶关这片热土洒满了革命先烈的鲜血，韶关人民也为中国人民的解放事业和社会主义建设事业做出了重要贡献，曾经辉煌过的韶关如今正面临着新的挑战。坚持改革，扩大开放，加快发展，为人民谋幸福，为韶关谋复兴，是对在韶关战斗过的包括红七军在内的所有革命先烈和前辈的最好纪念。

（原载《韶关学院学报》2020 年第 1 期，收入本书略有修改）

参考文献

［1］中共韶关市委党史办公室．工农红军在粤北：纪念红军长征胜利五十周年［M］．韶关：中共韶关市委党史办公室，1986：69.

［2］［5］［8］莫文骅．回忆红七军［M］．南宁：广西人民出版社，1979：84，83，85.

［3］中国人民政治协商会议广东省韶关市委员会文史和学习委员会．韶关文史资料：第三十三辑：《红军战斗在韶关》专辑［M］．韶关：［出版者不详］，2007：180.

［4］［9］［13］中共中央文献研究室邓小平研究组．邓小平自述［M］．北京：国际文化出版公司，2009：45，49，58.

［6］邓榕．我的父亲邓小平：战争年代［M］．北京：生活·读书·新知三联书店，2013：265.

［7］黄蔚林：叱咤风云贯长虹——红七军骁战李谦［EB/OL］．http://www.crt.com.cn/news2007/news/YMSJ/1163015918K0FKA1I68I6H7FH325GG.html.

［10］乳源瑶族自治县党史研究室.《乳源党史资料》第三期［M］//中共韶关市委党史办公室．工农红军在粤北：纪念红军长征胜利五十周年．韶关：［出版者不详］，1986：83，84.

［11］覃汉旅．重温红七军“小长征”历史　探讨红色文化价值内涵［J］．传承，2012（18）．

［12］苏宁．红七军飞将军冯达飞［J］．文史春秋，1997（5）．

中央苏区县南雄红色基因探究[①]

陈文林

导　语　红色基因，是中国共产党从建党至今百年来艰苦奋斗、追求卓越、为人民谋福祉、为国家谋富强的艰辛探索中凝结而成的精神品格和价值追求，是中国共产党人永葆本色的生命密码和遗传因子。中央苏区县南雄红色基因植根于独特地理环境、优良革命传统、坚强党团组织等丰饶沃土，以赤胆忠诚的信仰底色、艰苦奋斗的精神血脉、无私奉献的红色初心为基因成色，具有深化红色文化研究、充实革命精神谱系、总结历史经验、丰富党的建设理论、凝聚发展共识、助力乡村振兴、充实学习内容、提升党史学习教育实效性等深刻意蕴。

红色基因，是中国共产党从建党至今百年来艰苦奋斗、追求卓越、为人民谋福祉、为国家谋富强的艰辛探索中凝结而成的精神品格和价值追求，是中国共产党人永葆本色的生命密码和遗传因子。在中国革命史和中国共产党百年历程中，中央苏区占据着极其重要的地位。在建立红色政

① 基金资助：2021 年度韶关学院人文社会科学研究项目“新时代大学生红色基因传承研究”（项目编号：SY2021SK04）、2022 年度韶关市哲学社会科学规划课题（基础教育特别委托课题）“大中小学思政课一体化教学改革创新联合体研究”（项目编号：W2022013）、2022 年度韶关市哲学社会科学规划课题“韶关红色文化资源服务资政育人研究”（项目编号：J2022003）。

权、探索革命道路的实践中淬炼出以“坚定信念、求真务实、一心为民、清正廉洁、艰苦奋斗、争创一流、无私奉献等为主要内涵”[1]的苏区精神，成为中国共产党人精神谱系的重要组成部分。探究中央苏区县南雄红色基因，是永葆中国共产党红色基因的赓续传承，也对革命老区县南雄的新时代发展具有重要借鉴意义。

一、中央苏区县南雄红色基因的生成

1928 年 2 月 18 日，南雄县苏维埃政府宣告成立。1930 年，南雄县划归中央苏区管辖。2010 年 5 月 6 日，经中共中央党史研究室认定：南雄县（今南雄市）在第二次国内革命战争（即土地革命战争）时期属于中央苏区范围，为中央苏区县。2020 年 12 月，中央电视台《讲武堂》栏目组推出特别节目《敢教日月换新天——走进革命老区县》，从全国 1 599 个革命老区县中选取了井冈山、红安、南雄等 10 个老区县进行了专题报道，充分彰显了中央苏区县南雄的重要历史地位。独特的地理环境、优良的革命传统、坚强的党团组织，构成中央苏区县南雄红色基因生成的丰饶沃土。

（一）独特地理环境的丰富涵养

南雄取自“南粤雄关”，位于广东省东北部，地处五岭之首的大庾岭南麓，毗邻瑞金中央苏区与湘赣苏区，自古以来就是岭南通往中原的要道，也是历代兵家必争之战略要地，史称“居五岭之首，为江广之冲”[2]。正是由于其优越的地理位置和重要的战略地位，南雄在土地革命战争时期成为拱卫中央苏区、连通湘赣苏区一个不可忽视的战略要点和后方，为中央红军长征过境粤北向西部战略转移、畅通红色革命洪流做出了特殊贡献。赣粤边游击战争中心区域的南雄油山，重峦叠嶂，竹木丛生，接近城市，紧靠平原，山谷里散布着小村庄和稻田，成为项英、陈毅领导开展艰苦卓绝的南方三年游击战之主要战场。“天将午，饥肠响如鼓，粮食封锁已三月。囊中存米清可数。野菜和水煮。……夏吃杨梅冬剥笋，猎取野猪遍山忙。捉蛇二更长……”[3]这是南方三年游击战争时期红军官兵风餐露宿的真实写照，也充分展现了南雄地理环境中的生态资源对革命战争所发挥的巨大作用。

（二）优良革命传统的深刻浸润

韶关历史悠久，人杰地灵，光荣而深厚的革命传统深刻浸润着南雄这片红色土地。毛泽东曾幽默地说：“南雄人民有革命的好传统，南雄人喜欢吃辣椒，吃了辣椒就容易激动，一激动就要造反，反动派最害怕我们这些吃辣椒的人。”[4]早在1911年，孙中山领导的辛亥革命推翻了清王朝的反动统治，南雄人民积极起来响应，一大批革命仁人志士加入同盟会，追随孙中山先生开展民主革命斗争。1912年6月，中国同盟会广东支部何允谦为南雄分会特派组织员。他率领南雄籍同盟会员高家珍、郭桂万、莫振疆、罗明魁等在南雄县城开展革命宣传，并以国民革命军的名义“剪辫子”“打菩萨”，扩大了革命影响。1921年，南雄中学进步学生曾昭秀、陈召南、彭显模等组织开展学生罢课斗争和游行示威反对校长王道纯的渎职贪污行为并取得胜利，“掀起了南雄第一次学生运动高潮，……为革命思想传入南雄和对反动势力的斗争揭开了新的序幕”[5]。面对军阀割据混战，孙中山组织建立南方革命力量进而发动了轰轰烈烈的北伐战争，南雄梅岭成为“北伐军出师处”之一。北伐军三次经过梅岭进入江西作战，沿途广泛宣传民主革命思想，激发了南雄人民的革命热情，增强了南雄人民的革命斗志。

（三）优秀党团组织的坚强保证

“五四”爱国运动以后，革命思想很快传入南雄。1924年，南雄籍曾昭秀、陈召南、周群标等进步青年为追求革命真理赴广州求学。在中国共产党的指导下，他们参加共青团的外围组织“广东新学生社”，努力学习马克思主义，创办《雄声》大力宣传革命思想，激发南雄广大青年的爱国主义精神。1925 年 12 月下旬，傅恕、夏明震、沈仲昆在南雄成立共青团特支，代号“兰芝”，由傅恕担任特支书记。特支建立后，积极发展团员，深入到农村，通过办夜校向广大农民宣传建立农民协会，号召农民组织起来，推翻地主阶级在农村的封建统治。相继组建的区、乡农民协会和农民自卫军，在实行减租退押、取消苛捐杂税、反对豪绅地主压迫、维护地方治安方面发挥了积极作用。1926 年 6 月，中共南雄县支部成立，傅恕为支部书记。随着南雄籍学生曾昭秀、陈召南、周群标、彭显模等共产党员被中共广东区委派回南雄工作，南雄党员数量骤增，原来的中共南雄县党支部扩建为“中共南雄县特别支部”，随即建立起党的基层组织。他们在县城工人中成立党支部，在“上朔、湖口、珠玑、乌迳等农村先后组建党支部或党小组共 11 个，党员人数达 70 余名”[6]。南雄党团组织的建立和坚强领导，提高了南雄人民的思想觉悟，坚定了革命意志，促进了南雄工农运动和革命斗争的蓬勃发展，为中央苏区县南雄红色基因的生成提供了坚强的组织保证。

二、中央苏区县南雄独特的红色烙印

土地革命战争时期，中国共产党领导下的工农红军部先后多次分队伍转战至南雄，发动群众、宣传革命、组织武装，支援和帮助南雄土地革命斗争，在南雄留下了独特的红色烙印。中央苏区县南雄曾是毛泽东、朱德、陈毅等老一辈革命家的革命驻足地，也是水口战役、新田之战、赣粤边三年游击战的重要战场，在中央苏区革命斗争史上书写了浓墨重彩的一笔。

（一）红色星火燃遍南雄

1929 年 1 月 14 日，在柏露会议做出“争取主动、扩大革命力量、外线出击”的决议和战略下，毛泽东、朱德率领红四军主力离开井冈山，向赣南进军。1 月 24 日，毛泽东率部向南雄的上杨梅、下杨梅和邓坊往大塘方向移动，军长朱德率领的队伍经南雄广停坎、上兰田和下兰田到达寨下村。兵分两路的红四军部队会合后，一同经上朔、锦陂于 1 月 25 日到达乌迳，受到当地群众的热烈欢迎和盛情慰劳。在乌迳的黄木岭，毛泽东会见了南雄县委负责人，指示他们要广泛发动群众、动员群众、教育群众，大力开展游击战争，进行土地革命。见面后，毛泽东、朱德召开了群众大会并讲话，号召南雄群众起来打土豪、分田地，组织工农武装，参加土地革命，推翻国民党反动统治。会后第二天，红四军离开南雄，“送给南雄县委 10 支五响步枪和几百发子弹”[7]，支持南雄县委开展武装斗争。毛泽东、朱德率部首次进入南雄，点燃了南雄革命星火，给南雄人民开展革命斗争增添了极大的勇气和信心。

1930 年 4 月 1 日凌晨，毛泽东与朱德率领红四军指战员，由南雄游击中队长彭吉妹带路，越过梅关向南雄进发。红四军在南雄新路口和石子岭打垮粤军吴文献团的两个营后，于下午 5 时许攻占南雄县城。红四军进城后，军部设在上武庙，毛泽东住在上武庙附近的一间店铺内。红四军占领县城后，在孔圣庙门前和下武庙门前的两棵古榕树下召开群众大会。沿街插满了红旗，到处贴满了红军的安民告示和“平买平卖，公平交易”“取消苛捐杂税”“红军官兵待遇一致”等标语。在群众大会上，毛泽东和朱德分别向群众阐明和宣传共产党的政策、革命的光明前途和红军的宗旨，号召青年参加红军，动员群众起来推翻国民党反动派和军阀统治。红四军在南雄城驻扎期间，许多热血青年踊跃报名参加红军。毛泽东、朱德率领红四军第二次进入南雄，开展广泛的宣传教育活动，使南雄群众受到了很大的启发，革命志气大涨，给反动势力带来沉重打击。南雄县委、县苏维埃政府在油山坪林重新恢复起来，进一步巩固和发展了油山革命根据地。红色根据地得到进一步扩大，南雄县委划归赣西南特委领导，成为中央苏区的组成部分。

1932 年 6 月，被蒋介石收买的广东军阀陈济棠的粤军频频向苏区进犯，对中央苏区南大门构成极大威胁。为稳固中央苏区革命根据地，确保主力部队顺利向北发展，苏区中央局决定集中兵力回师赣南开展进攻作战，狠狠打击入赣粤敌。1932 年 7 月 8 日至 10 日，在毛泽东、朱德、王稼祥的指挥下，率领红一军团、红五军团、红三军团（后到）、红十二军以及江西独立第三、六师，在南雄水口圩一带同粤军陈济棠属部 13 个团的兵力激战三天两夜。在这场恶战中，毛泽东冒着枪林弹雨，亲临前沿阵地指挥，对红军指战员鼓舞极大，最终“击溃粤军 10 个团，约 3 000 人”[8]，取得了水口战役的巨大胜利。毛泽东对此做出了高度评价：“如像水口圩和团村这一类的仗，本来一般算作胜仗，而且还作大胜仗的。”[9]经水口战役重创的粤军，以后很长时间未敢轻举妄动，使中央苏区南部得以较长时间的安宁，为红军向北发展奠定了重要基础。

（二）红军长征顺畅过境南雄

由于第五次反“围剿”失败，1934 年 10 月中央红军开始长征。从 1934 年 10 月 26 日至 1935 年 1 月 7 日，红一方面军第一、九军团大部，第三、五、八军团部分先后经过南雄、仁化、乐昌和连县。为阻止红军向外突围，蒋介石调兵遣将，在江西安远、信丰和广东南雄一带设置了第一道封锁线。中央红军长征经过南雄界址镇、油山镇、乌迳镇等 5 个镇和界址村、上朔村、坪田坳村等 21 个行政村。1934 年 10 月 25 日，当红军进入南雄后，蒋介石急令“剿共南路军总司令”陈济棠派兵前来堵截，在红军必经的乌迳、新田、锦陂等地设置障碍，企图阻止中央红军长征部队向西转移。为迅速扫除长征路上的这些障碍，争取时间不让敌人在这些地区站稳脚根，红一军团给直属侦察连下达坚决把乌迳、新田之敌消灭的命令。

该直属侦查连队官兵80%以上都是党团员，素质非常高，机枪、冲锋枪、步枪、短枪等武器装备也很强。接到命令后，外号“小老虎”的侦察连连长刘云彪带着160多名战士，于10月26日连夜悄然赶至前沿阵地。10月27日拂晓，侦察连发现粤军一个连正在山坡上挖战壕、筑工事。战士们抓住战机，向粤军发起正面攻击，把仓促应战的敌军打垮，“歼灭粤军20余人，其他敌人溃逃，顺利占领新田”[10]。新田之战，规模虽小，意义非凡。它是侦察连突破蒋介石第一道封锁线打的第一仗，也是红一军团进入广东的第一个胜仗，极大提振了红军战士的革命士气，保证了红一军团顺利通过乌迳，为中央红军长征继续西行创造了有利条件。

（三）粤赣边三年游击战保存革命火种

中央红军长征后，项英、陈毅等突围到达油山，在崇山峻岭、草丛密林之间与国民党军周旋，领导开展了艰苦卓绝的粤赣边游击战争。国民党反动派采取无所不用其极的残忍手段，从正规军到由土豪劣绅、流氓、恶棍组成的“还乡团”“暗杀团”，进行“清剿”“驻剿”“搜剿”。阮啸仙、李乐天、曾彪等一些重要红军领导人先后在国民党围追堵截的战斗中壮烈牺牲，红军和游击队力量曾一度严重受挫。面对严峻局面、恶劣环境和残酷现实，红军战士和游击队员风餐露宿、忍饥挨饿、坚持战斗。即使在最危急关头，陈毅等共产党员展现出来的仍是无畏的英雄气概、对革命事业的必胜信念和甘愿献身的人生理想。粤赣边游击战争中所展现出来的“长期艰苦奋斗精神与坚持为解放中国人民的意志，是全党的模范”[11]，也是新时代必须大力弘扬和赓续传承的精神品质。

三、中央苏区县南雄鲜艳的基因成色

“不忘初心，牢记使命，就不要忘记我们是共产党人，我们是革命者，不要丧失了革命精神。”[12]红色基因，根植于共产党人血脉之中的遗传因子，是中国共产党人永葆本色的生命密码。在中国共产党的坚强领导下，广大南雄军民用热血和生命熔铸而成鲜艳的红色基因，熠熠生辉、永不褪色。

（一）赤胆忠诚的信仰底色

赤胆忠诚，表现为对马克思主义的笃定信仰、对中国共产党的无限忠诚和对革命事业的无畏坚守，植根于精神之钙的理想信念，展现于高涨的革命热情和无畏的前行动力。赣粤边特委书记李乐天，中学刚毕业就决定放弃升学机会，毅然回南雄投入如火如荼的工农革命运动。1927 年春，李乐天加入中国共产党，与百余名共产党员和农民协会骨干组成敢死队，为南雄人民除去卢琨、王逸平、麦显荣三大恶霸，赢得民众的广泛赞誉。1928 年，李乐天和县委主要领导人曾昭秀、陈召南、彭显模等召开紧急会议，商讨决定举行南雄武装大暴动，并在胜利后宣布成立南雄县苏维埃政府，开展以“平田、平仓”为内容的土地革命运动，得到民众广泛支持和积极响应。1934 年，李乐天在陈毅、项英领导下，积极开展领导以油山为中心的粤赣边游击战争，组织群众安全转移、保障部队供给、建立秘密交通站、发展新的游击区，密切配合红军打退国民党军队发动的多次“围剿”，为拱卫中央苏区做出了巨大贡献。1936 年底，李乐天在返回游击区途中不幸遭到国民党军包围，战斗中腿部受伤。为掩护同志突围，他毅然甩开警卫员单独与敌人周旋，沉着应战击毙数敌，最后壮烈牺牲，被誉为“赣粤边人民的出色领袖”[13]。南雄县委委员周群标，1921 年在广州求学期间成立南韶连留省同学会，参加《北江潮》《雄声》编辑工作，宣传北江地区工农运动，传播马克思主义。1926 年春加入中国共产党，于 1927 年回南雄参加党组织的领导工作，积极组织领导南雄农民暴动。由于叛徒出卖，周群标于 1929 年被捕入狱，在狱中受尽酷刑，仍坚贞不屈。即使在行刑前，他仍大义凛然，“干革命不是怕死的，也杀不绝的！今天我为革命而死，虽死犹生”[14]，充分彰显革命先烈的赤胆忠诚。

（二）艰苦奋斗的精神血脉

艰苦奋斗，是党在长期革命、建设过程中形成的优良作风，表现为革命斗争中的不畏艰辛、英勇奋战。南雄县苏维埃政府成立后，曾昭秀、陈召南等领导全县“5 万余人参加了土地革命运动，烧毁反动据点 50 多个，杀了一批土豪劣绅，严重打击了国民党的反动统治”[15]，遭到国民党军陈学顺团的疯狂反扑和血腥镇压。在南雄上朔、水口篛过，曾昭秀率领苏维埃政府和赤卫队奋勇抗击，与敌人进行浴血奋战，打退了敌人数十次冲锋。1929 年 8 月 7 日，民团头子谢伯英率领 1 000 多人的反动武装进攻油山根据地，县委委员彭显模、谢泰谦指挥 50 多名游击队队员退守油山黄地土围，面对强敌，毫无畏惧，英勇抵抗。1932 年 7 月 8 日，在红军战争史上一场著名恶仗的水口战役中，红五军团总指挥董振堂大喝一声，把外衣脱掉，穿着白衬衣，走到阵地前沿指挥，带领视死如归的红军将士挥舞大刀冲锋陷阵，英勇顽强抗击敌人，多次打退敌人的冲锋，击溃粤军防线。项英、陈毅领导的赣粤边三年游击战更是艰苦卓绝、英勇奋战，充分彰显对党和人民的赤诚之心和革命必胜的乐观主义精神。

（三）无私奉献的红色初心

无私奉献，展现于党和红军的一心为民，是中国共产党初心使命的直接体现和军民鱼水情的生动写照。南雄县苏维埃政府领导南雄各地农民广泛开展以“平田”“平仓”为主要内容的土地革命运动，查封、没收反动地主豪绅的谷仓、财物，焚烧一批地主的田契和借约，并把没收来的谷物、财物，及时分发给贫苦群众。“数万农民分得胜利果实，个个欢天喜地，扬眉吐气，对共产党和新生的苏维埃政府充满了热爱和信赖。”[16]有着光荣革命传统的南雄人民，积极支援与帮助党和红军的革命斗争。1929 年 1 月，红四军主力下山，由毛泽东、朱德各率一支队伍往南雄油山方向移动，两路军会合后在乌迳黄木岭村宿营。县委游击队侦察干部钟蛟蟠得知敌军李志球团部企图对红四军合围的情报后，飞报给红四军毛泽东、朱德，红四军得以脱险。对于此事，朱德曾说道："这一次红军的命运那是极端危险的了。如果没有地方党的支部，那一下就会被敌人搞垮了!"[17] 中央苏区县南雄开辟的交通线，曾护送邓小平、曾山前往上海党中央，也为中央苏区运送食盐，保证了运输线畅通。1932 年 7 月，在南雄县委领导下，广大南雄人民群众纷纷组织起来支援前线，送水送饭、抬担架、挑弹药、收养伤员等，为水口战役的胜利做出了重要贡献。"据统计，南雄人民为开展革命斗争牺牲的有名有姓、有据可查的革命烈士就有676 名。"[18] 陈毅元帅在《赣南游击词》里说道："靠人民，支援永不忘。他是重生亲父母，我是斗争好儿郎。革命强中强。"[19]这是对军民鱼水情的高度赞美，也是南雄广大军民无私奉献的真实写照。

四、中央苏区县南雄红色基因的深刻意蕴

在中国共产党的坚强领导下，广大南雄军民用热血和生命淬炼出的南雄红色基因，以赤胆忠诚、艰苦奋斗、无私奉献为基因成色和基本内涵。南雄红色基因，是南雄丰饶红色文化资源中一张亮丽的红色名片，成为南雄一笔宝贵的精神财富，具有深刻的价值意蕴。

（一）深化红色文化研究，充实革命精神谱系

百年征程中，中国共产党领导中国人民取得了革命、建设和改革的伟大胜利，积淀形成伟大建党精神、长征精神、抗战精神等一系列可歌可泣的革命精神，铸就中国共产党人博大精深的精神谱系。中央苏区县南雄红色基因，既囊括水口战役稳固中央苏区、中央红军长征顺利突破第一道封锁线、粤赣边三年游击战保存革命火种等重大历史事件，也涵盖赣粤边"游击司令"李乐天、智勇双全的游击队长曾彪、赤胆忠诚的县委委员周群标等南雄革命先烈高贵品质；既能深化南雄革命历史研究，丰富南雄红

色文化，也可以拓展中央苏区红色基因的蕴涵，助力厚实中国共产党人的精神谱系。

（二）总结历史经验，丰富党的建设理论

在中央苏区县南雄的革命斗争中，南雄党组织采取不同形式广泛传播马克思主义理论，深入宣传革命思想，积极壮大党的组织力量。“南韶连会馆”“南雄留省学生会”“青年学社”等一系列社团组织的建立，对吸引进步青年、发展壮大党组织起到了重要推动作用。《雄声》月刊向南雄青年学生、工人和广大劳苦大众宣传革命思想和马克思主义，激发了南雄广大青年爱国主义热情。红色歌谣《当红军歌》、革命漫画《洋人、乌龟和狗》、革命标语“红军是真正为劳苦工农谋利益的”“农民起来实行土地革命”“反对白军进攻苏区”……不仅宣传红军纪律、工作作风和党的革命主张，也为反抗国民党反动统治、增强革命斗志、壮大革命力量发挥了积极作用。深入研究和总结中国共产党在中央苏区县南雄开展的各项活动、形式及工作方法等，全面总结其有益经验，不仅可以在组织管理、思想宣传、社会动员等方面丰富和发展党的建设理论，也能对新时代党的各项工作的开展提供重要借鉴。

（三）凝聚发展共识，助力乡村振兴

“革命精神是非常宝贵的，没有革命精神就没有革命行动。”[20] 中央苏区县南雄红色基因是在革命洪流中展现在革命者身上的高贵人格，蕴含坚定信仰、艰苦奋斗、无私奉献等精神品质，与南雄红色文化一脉相承，具有强大的生命力和感召力。传承弘扬南雄红色基因，能广泛凝聚南雄齐心发展的思想共识，是激发南雄人民新时代奋进的强大精神动力。南雄红色基因，究其实质就是一种红色文化资源。中央苏区县南雄红色基因中的精神品质、感人事迹及其历史遗迹，蕴含着丰富的红色文化资源。充分挖掘这些红色资源，有助于厚实南雄的文化底蕴，着力打造南雄红色文化旅游

新名片，形成一道靓丽的红色风景线，推动红色旅游产业提质增速，促进红色旅游财政收入稳步增长。另外，依托南雄丰富的红色文化资源，在合理有效保护的基础上进行科学合理的活化利用，以红色旅游为抓手，将红色文化资源与乡村绿色生态资源相结合，推动实现乡村生态旅游、休闲农业、人文民俗游等乡村产业发展，助力乡村振兴。

（四）充实学习内容，提升党史学习教育实效性

2021 年 2 月 20 日党史学习教育动员大会上，习近平总书记强调指出："要做到学史明理、学史增信、学史崇德、学史力行，教育引导党员干部学党史、悟思想、办实事、开新局"[21]，深刻阐述开展党史学习教育的重大意义和工作要求。南雄这片红色热土涌现出许多仁人志士，为党和国家培养和输送了一大批优秀军政干部。中央苏区县南雄红色基因蕴含的重大革命历史事件、感人肺腑的英雄传奇以及高尚的人格品质，构成党史学习教育的鲜活素材。运用喜闻乐见的形式把中央苏区县南雄红色基因充分融入学校教育、家庭教育和社会宣传，既能拓宽教育对象，增强党史学习教育的亲和力，也可以充实学习内容，推动党史学习教育常态化、长效化，更加深刻领会党的百年奋斗重大成就和历史经验。

（原载《韶关学院学报》2022 年第 7 期，收入本书略有修改）

参考文献

［1］［21］习近平．学党史悟思想办实事开新局　以优异成绩迎接建党一百周年［N］．人民日报，2021－02－21（1）．

［2］南雄县地方志编纂委员会．南雄县志［M］．广州：广东人民出版社，1991：57.

［3］［19］陈毅．陈毅诗词选集［M］．北京：人民文学出版社，1977：13.

[4] 肖锋. 毛泽东回到南雄 [M] //许志新，刘清生. 红色文化. 广州：广州出版社，2011：229.

[5][16] 中共南雄市委党史研究室. 南雄人民革命史 [M]. 广州：广东人民出版社，1998：6－7，29－30.

[6] 韶关市史志办公室. 中国共产党北江地方史：1919—1949 [M]. 北京：中共党史出版社，2007：58－59.

[7][18] 南雄市革命老区发展史编委会. 南雄市革命老区发展史 [M]. 广州：广东人民出版社，2019：2，64.

[8] 张晓辉. 中央红军南雄水口战役若干史实探讨 [J]. 暨南学报（哲学社会科学版），2019（12）：103－116.

[9] 毛泽东选集：第一卷 [M]. 北京：人民出版社，1991：225.

[10] 王新生. 中央红军长征顺利通过粤北原因再析 [J]. 广东党史与文献研究，2019（5）：5－11.

[11] 中国人民解放军历史资料丛书编审委员会. 南方三年游击战争·综合篇 [M]. 北京：解放军出版社，1995：564.

[12] 习近平. 以时不我待只争朝夕的精神投入工作　开创新时代中国特色社会主义事业新局面 [N]. 人民日报，2018－01－06（1）.

[13] 宋生发. 难忘的三年 [M]. 北京：解放军文艺出版社，1959：3.

[14] 韶关市史志办公室. 韶关革命人物 [M]. 广州：花城出版社，2013：67.

[15] 广东省人民武装斗争史编纂委员会. 广东人民武装斗争史：第二卷 [M]. 广州：广东人民出版社，1995：45.

[17] 中共中央文献研究室. 朱德传：修订本 [M]. 北京：中央文献出版社，2006：186.

[20] 邓小平文选：第二卷 [M]. 北京：人民出版社，1994：146.

毛泽东思想视野下“红军长征过粤北”的回溯性研究

吴伯奎

导　语　结合毛泽东关于中国革命的若干基本观点，包括中国革命条件的论述、统一战线观点、群众观点等观照和审视红军长征过粤北，加深对这一特定历史事件的理解，加深对毛泽东思想指导意义的理解。

毛泽东思想是马克思列宁主义基本原理和我国革命具体实际相结合的产物，是中国共产党人集体智慧的结晶。在新民主主义革命时期，毛泽东思想历经形成、发展、成熟等几个阶段。到 1945 年，刘少奇在中共七大上作《关于修改党的章程》的报告，系统阐述了毛泽东思想，并将其载入《党章》，毛泽东思想成为我党的指导思想。而红军长征过粤北发生在土地革命战争时期，正是毛泽东思想开始形成的阶段，用毛泽东思想观照“红军长征过粤北”这一历史事件，能使我们更好地把握毛泽东思想，更深刻地理解毛泽东思想对于中国革命的指导意义。

一、“中国内部各派军阀的矛盾和斗争，反映着帝国主义各国的矛盾和斗争。故只要各国帝国主义分裂中国的状况存在，各派军阀就无论如何不能妥协，所有妥协都是暂时的”[1]

1928 年 10 月 5 日，毛泽东在井冈山写就《中国的红色政权为什么能够存在》一文，分析了国内政治状况，阐明红色政权存续发展的原因在于中国革命不同于他国的特点。其特点之一即中国是一个经济落后的半殖民地国家，受帝国主义间接统治，他们采取分而治之的政策，和国内买办豪绅阶级分别支持着各派新旧军阀，导致新旧军阀“从民国元年以来，相互间就进行着继续不断的战争”[2]，国民党新军阀之间也混战不休。正是由于白色政权间的彼此分裂和相互战争，红色政权才能在白色政权的包围中，发生并坚持下来。这一论断，为即将长征的党和红军提供了分析粤北形势的基本观点。

（一）陈济棠所部粤系战斗力较强

广东军政大权，长时间为粤系军阀代表陈济棠独揽，他进行封建割据，保持广东半独立局面达八年之久，被人称作“南大王”。红军长征路上，第一道封锁线和第二道封锁线的围堵主角都是陈济棠。

陈济棠 1890 年出生，早年入广东陆军小学，在陆小教官邓铿推介下加入中国同盟会，随后在广东陆军速成学校步兵科学习，毕业后成为邓铿组建的粤军第一师军官。粤军第一师后来扩大编制，组建成国民革命军第四军，即北伐中著名的“铁军”。1928 年陈济棠任第四军军长，后接连被蒋委以重任，一手控制了广东省军政大权，成为不可忽视的地方军阀势力。

陈济棠有善战之名。桂系军队之强悍闻名中外，又有李宗仁和人称“小诸葛”的白崇禧指挥，连蒋介石都惧其三分。北伐中第四军因战功显著被誉为“铁军”，作为第七军的桂军即表不服，自封为“钢军”，其眼中无物，由此可见一斑。但这只“钢军”却在后来的冲突中，三败于陈济棠之手。1929 年第一次蒋桂战争爆发后，李宗仁、白崇禧倾全广西之兵，进攻广东。陈济棠集中主力于花县向桂军进击，李、白战败，被陈济棠一直追击到广西。第二次蒋桂战争发生于同年 12 月，李宗仁、张发奎联合进攻广东。陈济棠在蒋军朱绍良第六路军的援助下，予张发奎部以重创，使其部队损失三分之二；陈济棠又驱军追赶后撤的李宗仁部，占领梧州，并以梧州为总指挥部，向广西腹地进攻，直至占领浔江下游和玉林五属一带。第三次是中原大战中，在张发奎和桂军占领长沙，兵锋进抵平江岳阳之后，陈济棠在何键部支援下占领桂军战略后方衡阳，并将回返的张桂联军击溃，俘虏其部 1.2 万余人。至此，陈济棠的作战实力，连蒋介石也刮目相看。这样一股势力，要是被全部调动起来，对红军长征的阻力，可谓不小。

（二）陈济棠与蒋介石之间存在着矛盾

在陈济棠以前是李济深主粤。李济深是广西梧州人，政治上属于粤系，私人感情偏向桂系。广东财力充裕，但士兵战斗力较弱。广西较穷，但士兵勇敢。李济深利用乡土关系，长期与桂系结为一体；广东支援广西经费，广西支援粤系兵力，两广密切配合，使蒋无法插手。蒋意欲从派系众多的广东内部找出一颗棋子打入其中，拆散粤桂联盟，这颗棋子就是陈济棠。1929 年，蒋桂战争爆发，蒋介石将李济深扣押，重用陈济棠，在陈三败桂系之后，粤桂联盟土崩瓦解。而与此同时，陈济棠与蒋之间深层次的不信任和提防也随之出现。蒋军和红军成为陈济棠深以为惧的两股力量。陈主粤 8 年，与北面江西中央苏区就对峙了 6 年，对红军采取什么对策，他考虑甚多甚细。从第一次“围剿”开始，他就看出蒋利用“围剿”红军之际，借刀杀人，兼并异己。可如果自己不参加“围剿”，又会失去蒋的军饷军械，给蒋以借口，兴问罪之师。陈济棠最后确定的原则是：可以派兵入赣，但不能被战事纠缠，尤其不能在与红军作战之际，让蒋趁虚袭取广东。这种消极的态度，对我党我军无疑是有利的。

时至1933年，蒋介石以50万重兵，向中央苏维埃区发动第五次“围剿”。作为南路军总司令的陈济棠，对蒋想压红军入粤意图，已有心理准备。第五次“围剿”蒋介石50多个师，北路军34个师又2个旅2个支队5个团，南路军11个师又1个旅，军力配置上本身就是北重南轻。1934年陈济棠开始逐渐觉察到了红军战略转移的迹象，倍感忧虑之际，邀请桂系将领白崇禧前来参加军参谋长以上军事首长会议，请其分析形势。两广军阀虽然多次互相血战，但在防范蒋介石和共产党方面，两广是高度一致的。白崇禧马不停蹄考察了江西赣州、南康等地，最后他认为，蒋采纳德国军事顾问提出的办法，对苏区使用了碉堡政策，对红军的包围圈已逐步缩小。共产党要谋生路，实施战略性转移就是必然的，转移的出路将在何处，这是个关键问题，“从地形判断，以走湖南和广东的可能性比较大……至于时机，估计当在秋冬之间，因为那是农民收获季节，可以就地取粮”[3]。有“小诸葛”之称的白崇禧较明确地分析出红军转移的可能方向和时间。红军被迫入粤的可能性越来越大，这对陈济棠来说，重大危机即将来临。陈济棠在南昌起义汤坑一地曾和红军交战，为争一高地双方付出伤亡数千人代价。此时红军战斗力大大强于之前，十万红军入境，绝非粤军所能力敌；数十万蒋军再跟随入粤，广东数年经营成果必然灰飞湮灭，毁于一旦。所以陈济棠进驻江西空城筠门岭后，立即停止交战行动，谋求与红军协商。1934年7月，红军同陈济棠部达成停战协定。

由此我们看到，国民党的失败，绝非败于智商，却有一个高于智商的因素：平衡。这就为工农阶级的反抗提供了发展之机。严丝合缝的铜墙铁壁，即使再有反抗的原因、反抗的方向、反抗的组织也是无济于事的。中国红色政权之所以能够存在，红军长征能够相对较顺利地通过粤北，是因为各利益集团的利益纷争给了红军发展之机，敌人表面上是强大的，实际上是虚弱的。“对反革命力量的估量，决不可只看它的现象，要去看它的实质”，“特别是我们在红军中工作的人，一遇到败仗，或四面被围，或强敌跟追的时候……仿佛全国全世界的形势概属未可乐观，革命胜利的前途未免渺茫得很。所以有这种抓住表面抛弃实质的观察，是因为他们对于一般情况的实质并没有科学地加以分析”，[4]悲观失望是不对的，在客观的基础上审慎地进行判断，才能有效地确立起我们的路线方针。

二、“中国无产阶级要取得胜利，就必须在各种不同的情形下团结一切可能的革命的阶级和阶层，组织革命的统一战线”[5]

1939年12月，毛泽东写就《中国革命和中国共产党》，这一著作提出，“中国无产阶级应该懂得：他们自己虽然是一个最有觉悟性和最有组织性的阶级，但是如果单凭自己一个阶级的力量，是不能胜利的”[6]。而要胜利，就必须建立统一战线。在红军长征过粤北之际，周恩来、朱德等中央红军领导人与陈济棠签订“借道”协议，为红军长征顺利通过粤北提供了有利条件，是我党有效实施统一战线的典范。

在红军第五次反“围剿”之时，蒋介石一再电令广东军阀陈济棠，要求其防堵红军。面对蒋介石既想消灭红军，又想消灭地方军阀的一石二鸟之计，陈济棠的对策是：“送客。”他在红军必经之地慢悠悠地修建工事，以免被蒋介石抓住把柄，但又不谋求碉堡线的封锁，网开一面让红军西进。这样，既不拦头，又不斩腰，只在红军背后放炮，以送“客”早走。他希望以此“一举两得”之谋对付蒋的“一石二鸟”之计。可红军要是真的乘虚而入，长期驻守广东或者在广东与国军展开血战又该如何是好？

1934年9月，国民党北路军、东路军已逼近中央苏区核心地带，白崇禧估计红军转移的“秋冬之间”转眼来到，陈济棠紧急派出代表李军，前往苏区求见朱德，请求秘密谈判。此时，中央苏区处境危急，战略转移成为临时中央和红军的必然选择。周恩来和朱德正日夜思考如何突围，能否在陈济棠主政的南线找到突破口。陈济棠的要求，正合周恩来、朱德所想。1934 年 10 月，在江西省寻乌县的罗塘镇，潘汉年、何长工和对方代表商谈，和陈部达成“五项协议”：就地停战，取消敌对局面；互通情报；解除封锁；互相通商，必要时红军可在陈的防区设后方，建立医院；必要时可以互相借道，红军有行动事先告诉陈部，陈部撤离 40 华里。[7]谈判地点和内容陈济棠均严格保密，谈判也没有形成文本，双方各自记在自己笔记本上。陈济棠将双方协议传达到旅以上军官，又考虑到协议保密原因不能下传至粤部部队基层，于是又增加了一条命令，要求下面做到“敌不向我射击，不许开枪；敌不向我袭来，不准出击”。协议实际上就是在粤军和红军边境地带划定了通路，让红军通过。1934 年 10 月 10 日晚，红军踏上了向西突围的艰苦卓绝之路。在长征经过粤北，连续突破三道封锁线之际，红军开路前锋能够以每天百余里的速度进行急行军，后队能做搬家式的前进，把坛坛罐罐一直搬到了湘江边。陈不让路，便不可能。

1939 年，在《共产党人》发刊词中，毛泽东总结了中国共产党 18 年来的主要经验：“十八年的经验，已使我们懂得：统一战线……是中国共产党在中国革命中战胜敌人的三个法宝。”[8]回望历史，在中央红军决定战略转移的存亡之际，党和红军开始勇敢地抛弃“左倾”关门主义，尝试用正确的方式解决革命中的问题，同陈济棠的“借道”协议，照顾了其中央红军不要驻粤的核心要求，避免了长征过粤北可能遭受的惨重损失。直到 1954 年，毛泽东还在一次谈话中指出：“瑞金时代是最纯洁、最清一色，但那时我们的事情最困难，结果是失败了。所以真理并不在于清一色。”[9]在革命进程中，不断汲取革命成功的经验，也不断总结失败的教训，在这基础上，中国共产党开始形成了对统一战线的正确认识。

三、“真正的铜墙铁壁是什么？是群众，是千百万真心实意地拥护革命的群众。这是真正的铜墙铁壁，什么力量也打不破的，完全打不破的”[10]

1934年1月，毛泽东在《关心群众生活，注意工作方法》一文中指明蒋介石搞堡垒政策，大筑其乌龟壳，以为这就是铜墙铁壁，但如同封建皇帝的坚固的宫殿一样，只要人民起来，都注定要倒下。群众的力量才是真正强大的力量，群众才是真正的铜墙铁壁。其实早在1919年，毛泽东就在《湘江评论》撰文指出：“什么力量最强？民众联合的力量最强！”[11]毛泽东可以说是党内对群众运动认识最早、最深刻的领导人。

在长征前夕，红军尽管和粤军签订了协议，但彼此仍有疑惑，我怀疑你是否真正让路，你怀疑我是否真不入粤境。协议第五条要求红军有行动时事先告诉粤军，在军情如火、兵机贵密的时刻，就不太可能，所以冲突和战斗在所难免。如红军通过第一道封锁线，即赣南安远、信丰间的粤军防线时，红军行动突然，粤军余汉谋急令第一师向大余、南雄方向西撤，给红军让路。但动作稍迟，第一师第三团团长彭霖生奉命撤退，但认为红军主力不会那么快来到，可以先打一仗捞一把再走，他低估了红军的前进速度，结果被红一军团分路合击，残余粤军退向安西。当然总的来说，粤军确是主动后撤让路。但由于信息传递不及时、粤军需要对下级军官保密等多方面因素影响，中央红军和粤军的交战不可避免。如1934年10月底，红一军团和粤军在粤北韶关南雄县，即发生新田之战，中央红军取得长征进入粤北的首次战斗胜利。第一道封锁线被突破后，蒋介石即电广东陈济棠、湖南何键出兵火速在湖南汝城、韶关仁化间阻截（即第二道封锁线）。因红军通过陈部余汉谋防线速度过快，当时湘军主力已来不及向粤边靠拢，只能次第集结于衡阳、郴州间，红军过第二道封锁线时，面对的敌人主要是已有停战协议的粤军，但陈济棠迫于蒋介石的压力，不得不做出要与红军决战的架势，粤军迅速在韶关召集高级将领举行军事会议，制订先堵后“剿”的“追剿”方案。陈济棠将主要精力用于防堵上，重在阻止红军与中央军进入粤境，如同通过第一道封锁线一样，由于停战协议只传达到将军以上，团以下的人员并不清楚，在通信不发达、敌我双方距离很近的情况下，光靠高层的默契，是难以避免两军接触的，所以红军通过第二道封锁线时双方也时有交战。中央红军在粤北近二十日的征战中相继取得了仁化县城口战役、铜鼓岭战役、乐昌县茶料山阻击战役的胜利。

中央红军在粤北长征的成功推进，除了军队的英勇顽强之外，与人民群众的大力支持莫不相关，群众的作用至关重要。此时群众的作用具体体现在几个方面：一是帮助红军拆毁敌军修建的碉堡[12]。两道粤军构成的封锁线内，随处可见修筑在公路两旁、山坡岭头等要害位置上大大小小的碉堡，这些碉堡以砖石砌成，根据地形、射界，或成方形或六角形不等；堡垒之间形成交叉火力，卡断公路，封锁要隘，真打起来，对红军行动形成极大阻碍，群众协助红军拆毁碉堡，扫平了红军前进道路上的重大障碍。二是群众为红军带路。粤北地区处于粤湘赣交界地带，属于南岭山区，山高林密，加上红军不熟悉道路状况，若无当地群众引路，战略转移将会困难倍增。中央红军在通过第二道封锁线后，因为无地图可循，再加上侦查情报的不准确，红一军团及随后的红九军团在韶关乐昌县东北的延寿、九峰之间的深山峡谷和羊肠小道上走了弯路，几乎浪费了一周时间。绕过这些自然障碍后，中央和军委纵队及其他兄弟部队都走在了前面，红一、九军团由前锋变成了后卫，散失落伍者不在少数，尾追之敌也十分迫近。后来李德回忆说：“我们承认，在确定第一军团行军方向时，我们犯了错误”，“……陷入损失巨大的后卫战斗中”，[13]由此可见向导工作的重要性。据统计，单单红军过粤北仁化县境内时，冒着各种危险，为长征队伍带路的群众就有 31 人。[14]三是给予红军其他方面的帮助。除了给红军当向导之外，群众还积极为红军给予生活上的帮助，如提供口粮和各种用品物资，并常有群众给红军做饭、送水等；积极参军，增强红军作战力量；还有照顾、保护红军留下的受伤人员和掉队人员等。

在红军长征突破粤北封锁线之际，人民群众的大力支持，构成红军长征凯歌式前进的后备保障，人民群众的作用得到了充分彰显。毛泽东在随后的新民主主义革命时段内，更进一步地提出了“军队和民众打成一片，使民众把军队看成是自己的军队，这个军队便无敌于天下”[15]，也对群众路线进行了全面阐述，强调“有无群众观点是我们同国民党的根本区别，群众观点是共产党员革命的出发点与归宿”[16]；强调“为人民服务是党的宗旨”，“为人民利益坚持好的，为人民利益改正错的，我们这个队伍就一定会兴旺起来”，[17]群众路线构成了毛泽东思想活的灵魂的一个方面。

“通过实践而发现真理，又通过实践证实真理和发展真理”[18]，这是毛泽东1937年《实践论》置于文末的结论性话语。党领导的革命和建设是毛泽东思想形成和发展的实践基础。在红军长征过粤北这一历史事件中，我们看到了初步形成的毛泽东思想对革命的指导意义，也看到了这一历史事件中，蕴含着后期毛泽东思想走向发展成熟的一些要素。正是在领导人民求翻身、求解放，经历千辛万苦的奋斗历程中，中国共产党人更深入地思考中国革命及建设问题，毛泽东思想正是对这些经验教训进行深刻总结而形成的理论概括。也正是经过实践的反复比较，党和人民选择了毛泽东思想作为自己的指导思想。

（原载《南方论刊》2020年第2期，收入本书略有修改）

参考文献

[1][2][4][10][18] 毛泽东选集：第一卷［M］. 北京：人民出版社，1991：48，49，100，139，296.

[3][13] 金一南. 苦难辉煌［M］. 北京：华艺出版社，2009：207，212.

[5][6][8][15] 毛泽东选集：第二卷［M］. 北京：人民出版社，1991：501，606，645.

［7］王增勤．陈济棠为红军长征“让道”［J］．老年人，2009（4）．

［9］中共中央文献研究室．毛泽东传：1949—1976：上［M］．北京：中央文献出版社，2003：315.

［11］中共中央文献研究室，中共湖南省委．泽东早期文稿［M］．长沙：湖南出版社，1990：292.

［12］王新生．中央红军长征顺利通过粤北原因再析［J］．广东党史与文献研究，2019（5）．

［14］中国人民政治协商会议广东省韶关市委员会文史和学习委员会．韶关文史资料：第三十三辑：《红军战斗在韶关》专辑［M］．韶关：［出版者不详］，2007：105

［16］［17］毛泽东文集：第三卷［M］．北京：人民出版社，1996：71，1004－1005.

抗战时期韶关红色电台历史考察[①]

吕　莹

导　语　1939年春，八路军驻韶关办事处建立公开电台，年底转给中共广东省委成为红色秘密电台。广东省委分为粤北省委和粤南省委后，电台又转给粤北省委。电台在韶关三年多的时间里多次搬迁，其间出现了电台工作人员机智保护电台的事迹。电台加强了内部建设，创新了工作方式，成功完成各项任务。1942年5月发生“粤北省委事件”后，电台停止工作隐蔽起来，完成了它的历史使命。

在全面抗战时期，要取得战争的胜利，高效、安全的通信方式是不可缺少的。中国共产党领导的抗日力量在日本占领区开辟了敌后战场，国民党顽固派制造针对人民军队和根据地的反共摩擦事件后，国统区的党组织活动愈加艰难。在这样困难和严峻的形势下，传统的联络方式已经满足不了需要，发展无线电联系方式势在必行。广州沦陷后，1939年春，搬到粤北的八路军驻韶关办事处建立一个公开电台，后来转给中共广东省委成为红色秘密电台，广东省委在1940年12月分为粤北省委和粤南省委后，电

①　基金资助：韶关市哲学社会科学子规划课题（基础教育特别委托课题）“韶关红色文化融入大中小学思政课一体化建设研究”（项目编号：W2022011）、韶关学院教育教学改革研究项目“大中小学思政课一体化背景下地方红色文化融入高校思政课教学研究”（项目编号：SYJY20221051）。

台又转给粤北省委，直到 1942 年 5 月发生“粤北省委事件”后电台停止工作。在这三年多的时间里，电台在日军侵略粤北及国民党顽固派在韶关制造反共事件双重压力下，为了工作安全多次辗转搬迁多地，其间出现了电台工作人员机智保护电台的事迹。电台工作人员加强了内部建设，创新了工作方式，完成各项任务。电台使两个省委密切与党组织上下联系，对及时传达中央的政策、方针、指示，及时掌握敌人活动，避免敌人搞破坏，打击敌日伪武装，加强各地组织建设，加强与进步人士的联系和团结，起了重要的促进作用。

一、中国共产党创建红色电台

中国共产党自 1921 年成立后，处于先有北洋军阀后有国民党反动派的严酷环境中，共产党要开展各项活动，保存、发展和巩固党的组织是极其困难的。尤其是 1927 年蒋介石发动“四一二”反革命政变，大肆屠杀共产党员和革命群众，中国共产党更深刻理解“知己知彼，百战不殆”的道理，越来越注重情报工作。

大革命失败后，中共中央由武汉迁回上海。从 1927 年 11 月开始，在周恩来的直接领导下，中国共产党中央特别行动科（简称中央特科）成立，先后成立总务科（特一科）、行动科（特三科）、情报科（特二科）和交通科（特四科，又称通讯联络科），机构逐渐健全起来。[1]这一时期中共中央在上海，而南昌起义之后创建的人民军队已经在井冈山等地建立了农村革命根据地，中央与红军根据地之间主要是依靠地下交通员来完成联络。双方有重要情报要由交通员先背诵下来，到达目的地后再复述出来，而且沿途要通过敌人的封锁、检查，交通员不一定能安全到达；距离太远，来来往往有时要几个月的时间，时间太长交通员不一定能准确背诵情报，可能会造成信息的偏差。随着红军和各根据地的不断发展壮大，党中央急需加强与他们之间的通信联络，通过这种方式传递情报、信息，既耗时又不安全。于是，中央决定在上海建立秘密电台，开展无线电通信工作，可是当时党对此几乎没有任何基础和设备。

1928 年 10 月，周恩来参加完中国共产党六大后从莫斯科回到上海，看到这种情况，决定派李强、张沈川等人学习无线电通信技术。当时无线电通信设备、器材都是被国民党当局严加管控的，市面上不仅缺乏现成的机器和零部件，甚至连这一方面的专业中文书籍也很难找到。李强以无线电爱好者的身份，进入两家公司（经营美国无线电器材）学习技术，并购买制造电台所需要的零件、发动机以及许多有关无线电技术方面的书刊，按照《无线电》上刊出的线路图样，尝试制造收发报机。经过日夜苦战，一年后收发报机终于研制成功，这是我党第一台无线电通信设备。[2] 1929 年冬，党组织租用上海大西路（今延安西路）福康里 9 号一幢三层楼的石库门房子，建立了党的第一个秘密无线电台。不久，为了进一步加强党中央与南方各革命根据地之间的联络，党中央派李强等人到香港建立电台。1930 年 1 月，上海、香港实现了两地的无线电通信联络。

在第一次反“围剿”之前，由于环境、条件所限，红军的通信非常闭塞，除少量电话外，主要靠司号、旗语、烟火等进行联络；距离远的，只能派通信员骑马甚至徒步传递。这些落后的通信方式，实在无法满足战争年代指挥战役的基本需要。1930 年 12 月，国民党对中央革命根据地发动第一次“围剿”，红军在反“围剿”中，不仅活捉了国民党前敌总指挥张辉瓒，还缴获了一部半电台。1931 年 1 月中旬，我军正式成立第一个无线电通讯队。毛泽东曾指出：“由于无线电的存在，纵使我们在农村环境中，但我们在政治上却不是孤立的，我们和全国、全世界的关系是很密切的。同时，纵使革命在各个农村是被分割的，而经过无线电，也就能形成集中的指导了。”[3] 在第二次和第三次反“围剿”中，电台获取了国民党军队的重要情报，为两次反“围剿”的胜利做出了重要贡献。

中国共产党在上海建立第一个秘密电台后，电台成为我党传递信息、互通情报的关键、高效的方式。尤其是全面抗战爆发后，在敌占区、国统区，我党电台的作用愈加重要。从 1937 年到 1947 年，在全面抗战时期和解放战争初期，中共中央南方局先后在武汉、湖南、桂林、重庆、江西、广东、福建、云南、南京、上海、香港、海南岛、新疆等 15 个地区建立了 60 部电台，[4] 其中公开电台 22 部，秘密电台 38 部，基本上形成了我党在国统区和香港的无线电通信网。从全面抗战爆发到 1944 年春，我党领导的人民军队电台增加到 675 部。[5] 在横向上实现了中央军委和各主要战略区的联络；在纵向上中央军委能越过前总与新四军军部一级联络，前总、新四军军部能和师所辖的旅互通联络，师可以和旅所辖的团互通联络。战略区内无线通信同样遵循越一级联络，同一级别的部队在各自系统内互相联络，基本满足了军队的通信需求。电台在抗击日本侵略者和反击国民党顽固派发动的反共事件中也发挥了重要作用。1941 年，中共中央书记处和中央军委在给南方局机要译电员的信中就指出："机要工作是党的咽喉命脉。"毛泽东也曾多次把机要通信工作生动地比喻为"党的机体上的血管"。[6] 1941 年 10 月，中央军委三局创办的刊物《通信战士》创刊一周年，毛主席为全军通信兵题词："你们是科学的千里眼顺风耳。"[7]

二、韶关红色电台的建立

全面抗战爆发后，1937 年 9 月以国共合作为基础的抗日民族统一战线形成，中国共产党为了扩大和巩固抗日民族统一战线，决定在一些关键的城市设立八路军办事机构。当时在国统区，八路军办事处是公开合法的机构。随着北京、天津、上海等城市的陷落，香港、广东的区域优势显著，中共中央决定派员到香港、广东建立八路军办事处，以便宣传、发动抗战，扩大抗日民族统一战线，转送华侨捐赠的财物。

派到粤港的党员与广州国民党广东当局的上层人士联系，利用国民党各派系的矛盾，开展上层统战工作。余汉谋时任第四战区的副司令长官兼第四路军总指挥，是地方实力派，与蒋介石中央系有着较为尖锐的矛盾。

我党利用他们之间的矛盾，向余汉谋提出在广州建立八路军办事处，并得到他的同意，1938 年 1 月，八路军驻广州办事处成立。之后我党继续对余汉谋开展统战工作，办事处主任云广英时常和他协商有关事情，曾建议他多做一些“团结、整军、政工、民运”等工作。余汉谋非常赞同云广英的观点，要求我党派人帮助他。1938 年夏，中共广东省委派石辟澜、孙大光、刘向东、司马文森、黄新波、郁风等党员到第四战区政治部第三组工作。派李静筠（女）等 12 名党员进入国民党第四战区政治部政治大队工作。[8]

1938 年 10 月，广州陷落，八路军驻广州办事处搬迁到韶关，改名称为八路军驻韶关办事处。办事处按照抗日民族统一战线的方针政策，继续做国民党上层的统战工作。1939 年初，中共广东省委派了包括 210 多名党员、400 多名抗先队员到国民党第十二集团军政工总队工作，这支部队面貌焕然一新。1939 年春，为了工作需要，加之与余汉谋的统战关系，办事处主任云广英与余汉谋交涉，得到他的同意，在办事处建立了电台。

电台设在八路军驻韶关办事处所在地，先在位于韶关西河的安园，后搬到邓观娣兄弟的房子里，由办事处和中共广东省委（秘密状态）共用，与延安、南方局等实现了通信。电台工作人员由办事处工作人员兼任，有赖仰高、李汉等。电台有自己的波长、呼号和收发密码，全天都可以正常工作，收发电报。电台的运转需要消耗大量的电力，电台使用的是湿电池，要手摇发电保证电台工作。手摇马达需要的劳动强度大，常常一摇就是一两个小时，一个人完成不了，至少需要两个人轮流摇，有时工作人员人手不够，也会请房东帮忙。

三、韶关红色电台辗转多地

1939 年 12 月，日军发动对韶关的进攻，韶关危急，同时广东国民党顽固派也不断制造反共摩擦事件，韶关已不是安全的地方，广东省委决定撤出韶关。八路军驻韶关办事处决定把电台转交给广东省委，随同转移出去。自此，电台由公开转向秘密状态。

这部电台随同广东省委，先从韶关转移到南雄，又从南雄转移到江西信丰九渡水附近的一座山上，再从九渡水转移到南雄乌迳，1940 年初又从乌迳转移到南雄县城宾阳门外一个 10 多户人家的小村庄里。这个村庄叫莲塘村，在南雄城北不远的地方。电台共有四人，分别是报务人员赖仰高、区家驹，译电员李汉，工作人员梁林（赖仰高妻子）。莲塘村距离县城近，便于传递消息，但是也存在极大不安全因素。电台工作时需要架设天线，天线越高信号越好，当时租用的房屋又小又矮，不能在室内架设天线，只好在外面树林中架设天线进行工作，很容易被群众看到，虽然群众不知道这是什么东西，时间长了还是容易引起怀疑；电台距离县城不远，敌人的进出较多，也容易被敌人发现；电台收发报时，按键会发出声音，被人听到也容易暴露。

1940 年 12 月，广东省委按照党中央的指示，将广东省委正式分为粤北省委和粤南省委，原来属于广东省委的电台转给粤北省委，由粤北省委领导。

1941 年 2 月，南委副书记张文彬（原广东省委书记）在始兴红围代表组织与黎百松谈话，说明了电台的重要性，安排他负责电台工作，任务是保证电台的安全和畅通，以后要与粤北省委书记李大林保持联系。省委派司徒明（女）与黎百松假扮夫妻，以夫妻关系掩护他开展工作。这时的电台共有六位工作人员，由黎百松担任台长，粤北省委秘书长严重负责电台的供给。

黎百松接手电台工作后，发现电台所在地存在着安全隐患，开始寻找安全的地方。黎百松到电台工作之前，曾在南雄县委工作，担任组织部部长，对南雄比较了解，北山在南雄、仁化、大余交界的山区，距离县城远，敌人不会经常来，相对安全；北山的群众基础好，房子比较高大，适合电台工作的进行。在南雄县委的帮助下，电台转移到北山谢地村地下党员何某家。电台搬到北山之后的两三个月，工作开展得很顺利，但是后来又出现了新情况。报务员赖仰高在收报时，发现国民党的侦察台在侦察。这是非常危险的情况，长此以往电台就会暴露。黎百松作了如下安排，首先，要求工作人员提高警惕性，秘密放哨，防止敌人搞突然袭击；其次，立即改变电台的联系时间，避开敌人的侦察台；最后，开始寻找新的适合电台工作的地方。

黎百松在张文彬找他谈话时到过始兴红围，认为此地非常适合电台工作。始兴有党的组织，设有秘密交通站，群众基础好；红围高大坚固易守难攻，而且周围地势平坦，远处一有风吹草动里面都能察觉到；红围有五层高，可以在室内架设天线；红围处在南雄和韶关之间，没有国民党电台的侦察破坏，这些都是电台工作的有利条件。黎百松向粤北省委书记李大林请示，批准后电台由南雄北山转移到始兴红围。

1941 年 7 月，电台迁到始兴红围。红围有五层高，共 96 间房，但是住户不多，只有五户居民住在一到三层，郭招贤（政治交通员、地下党员）两位哥哥住在红围，其三哥住在三楼，是当地的保长，受郭招贤的影响具有进步倾向，与电台工作人员相处很好，时常向我党传递消息。三楼还有一户祖孙三人居住，郭招贤四哥住在二楼，一个妇女带着儿子也住在二楼，一楼住着卖黄酒的老头和瞎眼的老伴。电台工作人员住在四楼，五楼没有人居住，可以作为电台工作的地方。电台搬到红围后，工作人员经常帮助围里的群众干些农活，教孩子们读书认字，相处得很好。红围非常适合电台隐蔽工作。

四、机智掩护红色电台安全

国统区严禁使用秘密电台，因此保护电台的安全非常重要。在电台从南雄转移到始兴红围的途中，工作人员机智、巧妙地应对国民党的检查，顺利到达红围。

电台在南雄北山，由报务员赖仰高负责转移到南雄县城。由于收发报机体积比较大，不容易隐藏，他就把收发报机放在担子里，上面装满稻谷步行挑到南雄县城。到县城后黎百松找来一只装衣服的大皮箱，把收发报机藏进去，放到一个安全的地方隐藏起来。黎百松安排赖仰高住进一家旅店，约好第二天一起乘车去始兴，而他回到瑶坑交通站住宿。第二天一早，黎百松到旅店找不到赖仰高，经询问得知，他被国民党抓壮丁拉到保公所了。黎百松找到南雄国民党县党部秘书廖劲荪（地下党员），商量营救赖仰高的办法。两人经过分析认为赖仰高只是单纯地被抓了壮丁，并没有暴露身份。随后他们一起到保公所找到保长，顺利营救出赖仰高。

黎百松和赖仰高取回装收发报机的大皮箱，和其他行李混在一起。由于没有赶上班车，就由赖仰高挑着，步行赶往始兴。傍晚时分，快到始兴县城的时候，遇到国民党自卫队的检查，黎百松以始兴德华学校的教员身份和没有赶上班车走路来的借口应付过了检查，顺利进入始兴县城，把电台安全转移到始兴。

电台搬到红围，电台工作人员较多，一起住在红围容易引人注意，为了不引起怀疑，他们有了新的身份，译电员李汉、机务员李扬进入德华小学当了教员，黎百松化名为陈文生，是行商水客，司徒明是老板娘，欧家驹也改姓陈，是陈文生的弟弟，赖仰高是伙计。黎百松要做生意，就要经常外出，进出红围不会引起怀疑。赖仰高真的做些生意，一个月来回跑几趟，掩护电台工作。为了安全需要，工作人员没有全部住在红围，他们以家庭为单位，分散住在外面。李汉在德华小学附近租了房子居住，在那里进行译电工作，后来为了不引起怀疑，加上白天上课，晚上译电，负担太重，身体吃不消，党组织把他的妻子余琼珊调来了。李扬在德华小学后面的村庄租了一间房居住，与王英以夫妻关系作掩护。赖仰高的爱人带着孩子住在始兴县城，身份是老板娘，便于他在县城做生意时住宿，两人相互掩护。

粤北省委搬到韶关，粤北省委书记李大林改名梁达昌，是行商老板，住在五里亭韶关师范的农场，他与电台的联系，由黎百松（自称陈姓伙计）负责。黎百松每周一次或者两三次往返两地。由于两地距离远往返必须乘车，而乘车时上车下车都要检查，很容易暴露身份，于是黎百松就选择乘坐国民党拉私活的军车避开检查，到韶关城外下车步行到韶关。黎百松到韶关时除了以做生意的陈老板身份作掩护之外，有时也以国民党南雄县党部下属的报社特约记者的身份作掩护，这样便于在韶关乘车、住宿。黎百松频繁往返韶关和始兴，为了安全起见和便于开展工作，省委帮助电台在韶关东河坝一个担水码头边租了一间靠河边的房子，作为电台的据点。黎百松以樟油老板身份，带着家人住在那里，这样不仅避免了住旅店受到检查的麻烦，也节约了工作经费。

五、加强红色电台内部建设

从电台成立以来，不断加强自身建设，包括电台收发报机的零部件的配备、工作人员的统筹安排及纪律强化等，保证了电台正常、高效运转。

八路军驻韶关办事处建立电台时，只有一套收发报机。由于国民党当局的严控，市场上很难买到现成的电台，基本上都是秘密买回零部件进行组装，因此较长时间内还只有一部电台。电台搬到红围后，党组织千辛万苦又搞到一套收发报机，一套放在红围工作，一套备用，放在德华小学后面小炮楼，由李扬保管。红围的收发报机用久了机器老化，零部件经常坏，没有新的备用零部件，只能从备用机子上拆下来安装上。后来实在是拆无可拆，黎百松找省委书记李大林想办法解决。李大林派欧新联系国民党省政府的无线电台台长陈铮郎（地下党员），并把陈铮郎介绍给黎百松认识，便于以后开展工作。李大林要陈铮郎准备好收发报机的零部件给省委电台作为备用，这才缓解了电台紧缺的压力。当时电台所在地没有供电系统用不了电，工作时需要消耗大量的干电池，如果大批采购会引起敌人的怀疑。黎百松便以零售商的名义购得大批干电池，保证电台正常工作。

合理统筹安排电台工作人员。电台搬到南雄，工作人员对这里不熟悉，工作开展受限，省委派南雄县委组织部部长黎百松担任电台台长，试图寻找一个更加适合电台工作的地方，从南雄城外的莲塘村搬到北山谢屋。电台到红围时，电台只有报务员和译电员，没有机修员，收发报机出现故障，没有人会修理，电台工作受到影响。黎百松向粤北省委和书记李大林请示解决办法，很快党组织派了李扬和王英两位机务员，解决了机器修理问题。

加强工作人员的组织纪律。1939 年，党中央和八路军针对无线电通信报务员、译电员等工作人员出台了相关的工作纪律、值班守则、机要规则等。1938 年 9 月出台的《译电员守则及机要规则》规定："密码须常变换，并指定专人切实保管，作废时由科长亲自烧毁，遇危急时应设法烧毁，万一遗失时即通知各关系机关作废，绝对禁止与外人谈论密码用法。……无事出外时严禁身上携带有关机密之文件。……一切电报经抄录后亲交首长批阅，并负责收回、抄存或烧毁，原电码应立即烧毁。"[9] 电台严格按照守则和规则要求工作人员把电台的呼号、密码拆开，记在不同的本子上分开保存，绝对不能随身携带。电台工作人员在更换新的呼号和密码后，立即销毁旧的。发完电报后烧掉密码稿，收到的电报交给领导阅稿后，要将其烧毁。

1939 年 3 月颁布的《无线电技术人员工作纪律》和《无线电报务员值班守则》规定：不得在机上作任何私人性质的谈话；监察台将利用空闲时间监督其他台有无违反纪律的情况。[10] 军委三局在用监察台监督时，侦察到电台的报务员在工作时间会说一些与工作无关的闲话或者互相打趣。接到通报后，电台对这个报务员进行了批评，并在全台开展工作规则和纪律教育。

六、"粤北省委事件"后电台停止工作

1942 年 5 月 27 日凌晨，由于叛徒郭潜的出卖，粤北省委书记李大林在五里亭韶关师范农场被捕，同时被捕的还有他的妻子和孩子以及其他工作人员。清晨，在五里亭火车站附近，又逮捕了刚从东江老隆回来的省委

组织部部长饶卫华，制造了“粤北省委事件”。

当天早晨，黎百松从东河坝住地到五里亭农场联系李大林，快到的时候，没有看到约定的安全信号（李大林居住的房子窗户打开，窗台上放一盏煤油灯意味着安全），产生怀疑，没有贸然走近李大林住所，就下山走到公路上充作早晨锻炼的人，路上遇到李大林邻居家的一个八九岁的小女孩，因黎百松经常来这里，与小女孩认识，从小女孩口中得知李大林因为被诬陷为汉奸，连同家人一早全被抓走了。

得知李大林出事后，黎百松仔细观察，确定没有人跟踪后迅速离开五里亭，立即赶回东河坝的家里，让妻子司徒明马上向省委秘书长报告李大林被捕的事情。黎百松担心自己是否暴露不敢乘车，顾不得喝一口水，就匆匆从小路步行一百多里赶回始兴，直到傍晚才到红围。黎百松找到译电员李汉，讲了粤北省委机关遭到破坏，李大林等人被捕的情况，要求他立即译成电文报告给党中央和南委。电报发出后，电台就停止了工作。黎百松把这个情况通报给始兴县委，提醒他们注意警惕防范，要及时采取应变措施，也请求始兴县委帮助转移电台，疏散、隐藏好收发报机。

住在红围外的电台工作人员李汉、余琼珊、邓玉芳、李扬、王英等，由始兴县委负责转移疏散。在红围的收发报机和区家驹、赖仰高、梁林及孩子由郭招贤负责隐蔽、转移疏散。当天晚上他们就完成了人员的转移疏散和电台收发报机的隐藏工作。28 日黎百松返回韶关，第二天向省委秘书长严重详细汇报了省委被破坏及电台和工作人员疏散隐藏的情况。中央得知这一重要情报后，迅速做出反应，电令在国统区的中共组织一律停止活动，已经暴露的党员立即撤往游击区；未暴露的党员找社会职业掩护身份，实行“勤学、勤业、勤交友”活动，用各种方式隐蔽下来。

后来郭招贤把电台交给了陈培兴，陈培兴又将电台带到风度学校交给吴新民和周耿光，把电台秘密隐藏在风度学校的农场里。1944 年春，中共广东省临时委员会（1943 年 1 月成立）通知始兴地下党负责人，把电台秘密送交省临委。吴新民、周耿光按照省临委通知，安排本校教员张艺、厨师张应昌从风度学校取出电台，秘密送到英德，经由林名勋交给北江特委书记黄松坚。粤北省委电台在始兴党组织的精心保护下，秘藏两年后，安全地回到广东省临委。

（原载《文教资料》2022 年第 2 期，原作者为吕莹、梅笑锋，收入本书略有修改）

参考文献

［1］穆欣．隐蔽战线统帅周恩来［M］．北京：中共党史出版社，2018：10.

［2］徐涛．中共秘密电台的建立［J］．党史纵横，2017（3）：41－44.

［3］王正瀚．中共第一座秘密电台设立前后［J］．检察风云，2019（20）：78－80.

［4］宁红文．南方局领导下的特殊工作概述［J］．抗战史料研究，2018（1）：80－83.

［5］［9］［10］齐小林．抗日战争时期中共军队无线通信技术的应用［J］．近代史研究，2021（3）：42－58.

［6］杨耀健．红色地下电台网：永不消逝的电波［J］．晚晴，2018（8）：48－51.

［7］王丽丹．我军通信兵在抗日烽火中发展壮大［J］．军事史林，2007（5）：44－49.

［8］周云，王良圣．抗日战争时期广东北江地区统一战线工作［J］．党史博采（理论版），2020（4）：24－25.

韶关作为战时省会时中国共产党的统战文化宣传工作①

江文英

导　语　抗日战争爆发，在广州沦陷时期，韶关成为广东战时省会城市。随后很多文化团体也纷纷搬迁到韶关，韶关成为文化中心，开展了丰富的文化宣传工作，在抗日民族统一战线中发挥了重要的作用。

1937 年 7 月 7 日卢沟桥事变爆发，全国进入了全面抗战时期。1938 年 10 月，日军侵占广州后，国民党广东省党部、省政府、第四战区长官司令部（后为第七战区）、第十二集团军总部撤到韶关。中共广东省委、八路军驻广州办事处、抗先总队部也随即迁到韶关，广州的大中学也迁往韶关。韶关成为广东省战时省会城市，是政治、军事、经济、文化的中心。

韶关成为广东省战时省会城市后，各机关、学校、大批文人墨客云集韶关，韶关成为广东抗日文化宣传中心。文化是一种软实力，具有感召力，文化一旦被人所认识、接受，就转变为一种思想，指引人的行动。一种文化要获得群众的认可，就应该先为人所认识、了解，从而转变为行动的指南。中国共产党非常重视文化宣传工作，在抗日战争时期，更是注重

①　①基金资助：韶关市统一战线理论政策研究项目“粤北抗战文化与粤北抗日民族统一战线工作”（项目编号：2021SGTZKT07）、韶关学院统一战线理论政策研究项目“粤北抗战文化与粤北抗日民族统一战线工作”（项目编号：SY2021TZ04）。

战时文化的宣传。只有文化宣传到位，占据话语地位，才能把控全局，更好地贯彻党的抗日民族统一战线。根据形势的变化，中共广东省委加强了以韶关为中心的抗战文化工作的领导。

1939 年 1 月，中共广东省委召开了第四次执委扩大会议，把宣传教育作为一项主要工作来抓，同年 6 月成立以石辟澜为组长，何家槐、李育中为组员的粤北地区党的文化领导小组。1940 年成立中共广东省委文化工作委员会，谭天度为书记。在中国共产党的领导下，韶关成为抗战文化宣传活动的中心，为抗日战争的胜利做出了重大的贡献。

一、各文化分会落户韶关，进步刊物在韶关发行

广州沦陷后，许多文化团体、机构、工作者在中共广东省委的领导下，迅速转移到韶关，以文学、文艺为武器，继续进行抗日宣传。许多文化界人士从全省各地云集到韶关，其中有不少文化界知名人士，比如尚仲衣、钟敬文、梅龚彬、张铁生、潘允中、梁若尘、赵元浩、吴荻舟、胡一声、黄秋耕等。各种文化团体纷纷成立，有的文化团体是从广州转移到韶关，主要有：中国青年记者学会粤北分会、中华全国文艺界抗战协会粤北分会、中苏文化协会广东分会、广东戏剧家协会、广东美术学会、中华全国木刻界抗敌协会广东分会、中大话剧团、中大歌咏团等，文化团体到韶关落户，有力地推动了韶关抗战文化的发展。

抗日战争时期，中国共产党非常重视抗日文化的宣传教育工作，中共广东党组织出版发行的一系列抗日救亡刊物，有一些是内迁韶关继续发行，而有些创刊没多长时间就被迫停刊，比如《救亡日报》。1938 年元旦，《救亡日报》在广州复刊，周恩来同志对《救亡日报》的宗旨、方针作了明确的指示："总的方针是宣传抗战、团结、进步，但要办出独特风格来"，这家报纸是抗战初期党在韶关最重要的舆论阵地，但在同年 10 月广州沦陷后就停刊了。在韶关出版发行的重要报刊主要有《新华南》《抗

先通讯》《晨报》《新军》《广东妇女》等。地下党还主编了些报刊，如《新建设》《阵中文汇》《学园》《教育新时代》等；书店还公开发行《解放》《群众》等党报，《论持久战》《论新阶段》等书籍。1938 年 8 月，《广东妇女》（半月刊）创刊，设“组训妇女特刊”“通讯”“文艺”“妇女动态”等栏目，许多共产党员和妇女运动工作者参与该刊工作。《广东妇女》积极指导各地妇女运动，动员广大妇女参加抗战，提高妇女参政意识；刊物上也发表了不少宣传党的抗日主张，讨奸肃奸，要求民主，揭露封建宗法思想的文章。《广东妇女》在指导妇女的统战工作中起了重大的作用。

广东抗战文化的兴起，发挥了抗日民族统一战线的文化力量，《救亡旬刊》号召全民族抗战，主张“以革命的三民主义为中心而建立广泛的抗日民族统一战线”，提出“不论信仰不分阶级，各党员阶层共同联合起来打击强暴的日本帝国主义”，还呼吁实现民主政治。抗战教育实践社主张“不论过去，不论派别”，“实现国内各党派和团体各种力量的伟大团结”。作为抗战教育实践社骨干的尚仲衣认为：“中华民族如能走到全民族统一的抗日统一战线，那就是生，中华民族如不能走到全民族统一的抗日统一战线，那就是死。”呼吁国共两党放下分歧，建立抗日民族统一战线，共同抗日。

二、战时文化舆论宣传

（一）以戏剧为主的多种抗战文艺空前活跃

抗战初期，广东各地文化界加强团结抗战的舆论宣传。各报纸杂志以发动全民族抗战作为宣传宗旨，宣传党的抗日民族统一战线的方针政策，揭露日本帝国主义侵略野心，报道各地英勇抗战的英雄事迹和人物，鼓舞了军民抗战信心。中华全国文艺界抗战协会粤北分会倡议“文化入伍，文章下乡”，积极组织文化界人士参加战地慰劳演出。广东戏剧家协会创办《广东剧协》，联系和团结各文艺团体，召开戏剧界座谈会，开展抗战戏剧宣传。“七政大”是党领导下的一个革命演剧团体，1941—1944 年在韶关演出了很多以古讽今的戏剧，反映国民党消极抗日、积极反共的阴谋，有利于国共两党团结抗战。其演出的第一个大戏，是欧阳予倩同志的《忠王李秀成》，召示民众要坚持抗战，揭露了当时国民党发国难财的现实。接着演出了《天国春秋》，暗讽国民党制造分裂的罪行。另外，还演出了现代剧《蜕变》，揭露了国民党官僚统治的贪污腐朽。“七政大”还演出了大型戏剧《大明英烈传》《虎符》《草木皆兵》《朱门怨》《金玉满堂》《祖国在召唤》等，以古讽今的戏剧有利于广大人民群众认清形势，号召各阶层人士积极抗战，有利于建立抗日民族统一战线。各大中学校文化团体纷纷走出学校，到前线，到农村，开展抗日宣传活动。1939 年 1 月，国民党反动逆流后，广东新闻检查所（为中统骨干分子主持）极力控制言论和新闻出版，实行文化专制。在中共广东党组织的领导和推动下，进步文化人士坚守抗战文化阵营，与广东国民党文化控制进行了针锋相对的斗争。

抗战初期，许多文艺工作者投身于歌咏和戏剧表演，演剧队和歌咏队大量涌现。据统计，广州地区先后成立了 130 多个剧团、剧社，其中比较有影响的是广州艺术工作者协会、锋社剧团、蓝白剧团等。歌咏队、剧社举起“救亡戏剧”之旗，走上街头、深入到工厂、农村，掀起了空前的抗战演出和宣传。广州沦陷后，艺协、蓝白、锋社的戏剧工作者参加了第十二集团军政工队，后来又组成艺术宣传大队，到各部及各团开展文艺演出。第一次粤北战役后，锋社集体创作了多幕剧《北粤丰碑》，描写的是官军民合作战胜日寇的故事。1940 年 6 月，第六十三军政工队创作了反映第二次粤北战役的大合唱《良口烽烟曲》。1941 年初，艺协、蓝白、锋社等剧社正式组成第七战区政治部政治大队，从事演剧活动，演出隐喻时弊的历史。这对广大军民进行了生动的爱国主义教育，为广泛发动群众，推动广东抗战的发展起了积极的作用。其中含有现实针对性的《忠王李秀成》，先后上演了一百多场，为反共逆流笼罩下的韶关“带来了健康的艺术气氛，呐喊了正义呼声”。《天国春秋》以太平天国领导集团内讧的悲剧，暗喻国民党顽固派制造的摩擦、分裂，演出获得成功。1944 年冬，日军南北夹攻韶关、衡阳，该队成员转移到东江纵队。

1941 年 4 月，剧宣七队从柳州进入韶关，5 月底开始在第七战区长官部和韶关地区演出。先后上演《秋收》《农村曲》《军民进行曲》《塞上风云》等大批进步剧目。其中《军民进行曲》通过一个典型的小农家庭在战火中的遭遇及其在战火中成长的故事，表现军民团结，争取抗战胜利的主题。剧宣七队在第七战区开展长达四年多宣传活动，被誉为国统区政治严寒中的“破冰船”。随着剧宣一队、广州儿童剧团、中山大学话剧团、剧宣七队以及由锋社、艺协、蓝白组成的第七战区政治部政治大队进入韶关地区，舒模、徐韬、韦丘、赵如琳、胡春冰、史进、潘予、方荧等戏剧工作者汇集韶关，使韶关话剧艺术得到普及和发展。第七战区政治部政治大队上演郭沫若的《虎符》获得成功，郭沫若特寄来亲笔书写的条幅以示祝贺：“勇气与专精，是成功的两大要素。对客观事物，必须用尽全力以处理之，未能称意，死不罢手，天下实无难事。”

（二）半月刊《新华南》的出版，为抗战工作做出重大贡献

在韶关成为战时省会后，新闻出版业随之繁荣，先后出现了 20 多种报刊，出版机构增至 34 家，先后出版了 177 种书籍。图书行业得到发展，1941 年全省（除沦陷区外）共有书店 122 间，韶关有 43 间，占总数的三分之一。在印刷方面，1941 年全省（除沦陷区外）有 53 间印刷厂，韶关有 30 间，超过总数的一半。使韶关从原来落后的区域变成文化中心。随着大批文化人的到来和文化下乡运动的开展，韶关成为与昆明、成都齐名的文化据点和广东战时文化中心。

重庆《新华日报》因国民党严加封锁、限制，能够在华南地区发行的数量极其有限。为了更好地宣传抗日统一战线，时任中共广东省委书记张文彬同志和其他同志从实际情况出发，决定创办以统一战线为目的的《新华南》半月刊，主旨是“团结抗战，打败日寇，肃清汉奸，建设新中国、新华南”。作为省委机关刊物，《新华南》立足广东、面向全国，在国民党统治区进行公开、合法的抗日宣传。它与《新华日报》不同，它是在党的领导下以统一战线的名义，邀请民主党派、各届人士担任《新华南》负责发起人、赞助人、特约撰稿人等，他们有中共党员、进步人士，有中间分子，也有中间偏右的人物，特别是第四战区长官司令部的高级文武官员被邀请者居多。尚仲衣为编辑委员会主任，左洪涛、何家槐、任毕明、石辟澜为委员。尚仲衣是中山大学的名教授、爱国人士，在第四战区长官司令部第三组织任上校组长一职，积极开展抗日宣传工作，是一位进步人士。左洪涛、何家槐是共产党派进国民党第四战区做统战工作的同志，他们当时担任第四战区司令张发奎的秘书。他们参加编委，具有国民党官方要员参与的作用，对于统战国民党官员具有较大带动作用。石辟澜是共产党派进国民党第十二集团军政治部工作，主要做国民党的统战工作。可见，《新华南》以统一战线为名义，团结一部分国民党、民主党等爱国人士为编委，把他们的爱国思想、爱国热情更充分地用文字表达出来，发挥了他们在各自党派中的作用，从而吸引了更多的爱国人士团结在中共领导的抗日民族统一战线之下。

在中共广东省委领导下，1939 年 4 月，《新华南》在韶关创刊。由于当时的形势，《新华南》的组织结构与人事比较特殊。在党的关系上，《新华南》内部设有中共党支部，直属中共省委宣传部领导，省委定期派人了解情况。支部书记先后由主编石辟澜、谭天度担任。

《新华南》在石辟澜、尚仲衣、任毕明、何家槐、李章达、张文、李筱峰、陈原、魏中天以及当时主张团结抗日的国民党人士等进步人士的努力下，运用抗日民族统一战线这一重要法宝，排除各种障碍，克服重重困难，成为华南人民的指路明灯。《新华南》始终高举“抗日、团结、进步”的大旗，发表了许多富有统战思想的文章。从栏目上看，有社论、政论、通讯、短评、华南之页、国际述评、抗战讲座、特辑、专载、书报评价、文艺等，具有强烈的政治色彩；从内容上看，主要以抗日战争为主题，有大量宣传抗日民族统一战线，动员民众抗日，批判消极、悲观抗战思想，团结各阶层，做好统战工作的抗日救亡文章。比如：石辟澜的《广东民众动员的过去和将来》、陈宝仓的《我们对广东青年的期望》、白霜的《论广东妇女运动》等文章，团结广东青年、妇女等各民众坚持进步，坚持抗战，激发了民众的爱国热情，积极参加到抗日战争中去。《新华南》也发表许多刚劲有力、切中时弊的文章，反对倒退，坚持抗战。在美英酝酿“远东慕尼黑”阴谋、国民党内部消极抗战因素增长、团结抗战岌岌可危之际，发表文章抵消民众的消极情绪。其中有马寅初的《发国难财者应征临时财产税》、钱俊瑞的《团结问题的重议》、沈钧儒的《不能让敌人休息》、李章达的《注意当前的暗礁》、乔木的《围绕着英法的斗争》等。1939 年，国民党亲日派汪精卫集团公开投降日本，1940 年 3 月在南京成立伪政府，全民族团结抗战受到严重冲击。《新华南》连续发表文章讨伐汪伪政权，其中有谭天度的《对汪逆伪组织的认识与反汪运动》，揭露了日本军事进攻失败后，转向政治进攻，实行“以华制华”“以战养战”的阴谋，文章给汉奸汪精卫政权以沉重的打击。无论从栏目还是从内容上看，《新华南》把握住团结、抗日的主题，切中时弊，深入地剖释了当时的时政，揭露了日本侵略者丑陋的侵略行为、国民党反动派假革命真分裂的阴谋，让广大人民认识到事实的真相。

由于《新华南》在民众中非常受欢迎，其影响甚至超越《新华日报》，引起了国民党当局的注意，创刊不久，就被国民党反动派打击和迫害，禁止《新华南》的印刷，迫使《新华南》到外地印刷。另外，国民党还派出特务，对作者、读者、编辑人员进行监视、跟踪。迫害《新华南》的作者、编辑。特别是 1941 年 1 月，国民党掀起第二次反共高潮之际，加快了对《新华南》的破坏活动，他们借口编辑钟远蕃携带马列著作，而强行逮捕入狱；李筱峰突然被特务挟持；国民党还在《新华南》社址前几十米的电线杆上绑着一具尸体，以告诫与恐吓所有与《新华南》有联系的人；还扣留所有《新华南》的稿件。由于国民党的破坏活动，《新华南》无法正常出版，于1941年春正式停刊。

从1939年春到1941年春，《新华南》坚持出版了两年，共出了50多期。《新华南》作为战时文化宣传的重要平台，有力地宣传了党的各项方针、政策，特别是抗日民族统一战线文化，它在教育人民、团结人民、揭露敌人、打击敌人、孤立反动顽固派等方面，起到了重要的促进作用。影响所及，不仅在广东，而且扩展到西南各省乃至东南亚各国。共产党通过《新华南》“开辟了一个与国民党顽固派进行合法斗争和‘非法’斗争相结合，以合法斗争为主题的强大统一战线阵营”，被誉为“华南人民团结抗日的号角”。《新华南》发挥了咽喉作用，通过对时政的真实报道，批判揭露敌人的丑恶，使华南地区的各阶层人民团结在中共领导下，积极参与抗战斗争。

三、战时文化宣传的作用

韶关成为广东战时文化中心后，大批文人墨客利用报纸杂志、话剧、戏剧等形式，与国民党反动派斗智斗勇，用智慧战胜了国民党对舆论的监督与控制，有力地宣传了共产党的抗战方针政策，揭露了国民党反动派假抗日、真反共的真实面目，使各阶层人民团结在中国共产党领导的抗日民族统一战线的正确政策下，促进了抗日民族统一战线的发展。同时也团结了人民群众，汇聚了人民群众的智慧，发挥文化宣传的核心力量，为全国抗日战争的最终胜利做出了重大的贡献。

参考文献

[1] 李门. 粤北山城戏剧兵［M］//中共韶关市委党史办公室. 粤北

抗战资料选编：纪念抗日战争胜利四十周年专集．韶关：[出版者不详]，1985：348－350.

[2] 左洪涛．一身正气两袖清风：忆张文先生［M］//中国人民政治协商会议广东省委员会文史资料研究委员会．广东文史资料：第六十六辑．广州：广东人民出版社，1991：2－10.

[3] 林磊．广东战时省会进步文化人群体抗战文化活动略论［J］．新闻传播，2015（10）：13－14，16.

爱国主义教育资源的挖掘与利用
——以韶关市情况为例[①]

严兴文

导 语 爱国主义教育资源是指可被用来进行爱国主义教育的客观存在形态，它具有形象生动性、潜移默化性、实践活动有目的性等特点，具有传承历史知识、理想信念导向等作用。本文以韶关市情况为例分析了爱国主义教育资源的挖掘与利用情况，并从宏观和微观方面提出建议。

爱国主义是中华民族最为深厚的历史情感，是凝聚和鼓舞各族人民团结奋斗的一面光辉旗帜，是维护祖国统一和民族团结的精神纽带，是推动我国社会不断发展进步的强大精神力量。在祖国各地，各族人民为了维护民族独立、国家富强，留下了许多可歌可泣的历史印记，蕴含着丰富的爱国主义教育资源。挖掘和利用这些教育资源，对于加强爱国主义教育，提高广大干部群众特别是青少年学生的思想道德素质，增强他们爱国爱乡思想感情具有重要意义。

① 基金资助：广东省社科规划基金课题“传统节日文化与青少年社会主义核心价值培育研究”（项目编号：08GA－01）、韶关学院思政课题“韶关地区爱国主义教育资源挖掘与大学生核心价值观培育研究”（韶学院〔2010〕36号）的阶段性成果。

一、爱国主义教育资源的特点及其作用

（一）爱国主义教育资源的特点

爱国主义教育是爱祖国教育，是爱国情感、理念、实际行动的历史积淀和时代的凝结，是为政者为了实现自己的政治愿望而进行的教育实践活动。爱国主义教育资源是指可被用来进行爱国主义教育的客观存在形态，是进行爱国主义教育的载体。它是后人学习历史知识、了解革命传统的重要资源，是增强爱国情感、培育民族精神的重要阵地，是陶冶道德情操、提高思想道德修养的重要方式。它具有如下特点：

一是形象生动性。形象生动性是爱国主义教育资源的基本特点。爱国主义教育资源内容丰富多彩，主要有文物史料、名胜景点、经典名著、名人格言、博物馆、纪念碑、烈士墓等。其展现形式也多种多样，主要有电影、电视剧、歌曲、实物、照片、图表、雕塑、景观等。这些内容和形式生动、形象、直观，置身其中，具有很强的感染力，可以唤起人们内心的情感，影响人们的思想情感。

二是潜移默化性。爱国主义教育资源对人的影响是通过日积月累、潜移默化、润物无声来实现的。这种影响一旦发生，其效果是深刻而久远的，因而对人的心理结构和心理定向具有深远持久的作用。

三是实践活动目的性。爱国主义教育资源是客观物质形态，只有在实践的基础上，通过教育者围绕爱国主义目标有组织、有计划实施，才能发挥作用，转化为精神力量。

（二）爱国主义教育资源的作用

首先，它能够提高人们审美体验能力。爱国主义教育资源是客观物质形态，人们通过审美体验，可以唤起人们内心的情感，启发人们的悟性，

调动人们的直观感受能力，使人们的思维、情感和意志达到新的统一。如通过参观文物古迹可感受到艺术美、人文美；如通过游历可以感受到祖国河山的壮丽自然美。因此，通过体验爱国主义教育资源，可从中获取精神力量，增强民族自尊心、自信心和自豪感，激发爱国爱乡的思想感情。

其次，它具有传承历史知识的作用。“爱国主义就是千百年来巩固起来的对自己祖国的一种最深厚的感情，是对祖国的忠诚和热爱。一国的国民对本国历史的了解愈深，愈是能激发他的爱国心。”[1]一国的国民对本国历史可通过对包括本国历史文化资源、文物古迹、各类博物馆、革命史迹、优秀传统文化等在内的爱国主义教育资源进行了解。因为这些爱国主义教育资源本身就记载着许多历史故事，展示了一个民族前进的历史轨迹，是伟大民族精神的凝结，具有极高的历史、艺术、科学价值，涉及历史、政治、建筑、古器物、档案、图书、艺术、宗教、民俗、科技、博物馆等诸多学科，是后人了解历史、传承历史、获得知识的重要来源和途径。

最后，它能够帮助人们树立正确的理想信念。理想信念是激励人们向着既定的目标奋斗前进的动力，是人生力量的源泉。一个人有了坚定正确的理想信念，就会以惊人的毅力和不懈的努力成就事业，创造奇迹。然而理想信念的确立，不是一蹴而就的，它需要较长时间的教育才能确立；即使是已经形成了的理想信念，也需要通过教育、实践不断丰富和巩固。爱国主义资源使人们的理想信念受到积极的情感体验和教育而确立或加强，它具有帮助人们形成正确的理想信念的导向功能。这种功能通过榜样激励和情感激励来实现。如张思德、刘胡兰、董存瑞、黄继光、邱少云、雷锋等榜样力量影响和激励一代又一代有志中国青年不断成长奋斗。

二、爱国主义教育资源挖掘与利用情况分析

爱国主义教育资源源于生活，又高于生活。源于生活指的是它是对历

史人物及事迹的客观描述；高于生活指的是它是对历史人物及事迹对于后世教育价值的挖掘、筛选和基地的建设。在祖国各地蕴含着许多丰富的爱国主义教育资源，现仅以韶关市情况为例。

韶关市是一个有着光荣的爱国主义传统的地级市。无论是古代、近代，还是当代；无论是民主革命时期，还是社会主义革命、建设和改革开放时期，每一次社会发展和变革，无不渗透着韶关人爱国爱乡的高尚情怀，无不体现着中华民族的传统美德，无不承载着光荣的爱国主义思想。在中国共产党的坚强领导下，韶关人民为争取民族独立解放、推动社会主义建设、推进改革开放的进程中进行了艰苦卓绝的奋斗，留下了一大批见证韶关地区发展和变迁的历史旧址、遗迹，还留下了一大批记载和体现中华民族优秀传统文化和伟大爱国主义精神的建筑物和设施等。对于这些丰富的爱国主义教育资源，韶关市县（区）各级领导非常重视挖掘与利用，作为教育广大干部群众尤其是青少年学生的良好素材。主要表现如下：

第一，建立一批爱国主义教育基地。教育基地是进行爱国主义教育的依托。没有基地，爱国主义无法走进生活、走向实践。韶关市县（区）各级领导多年来一直非常重视保护和建设爱国主义教育基地，先后建成了韶关市中山公园、韶关市烈士陵园、曲江区马坝人博物馆、仁化县双峰寨、仁化县丹霞山、南雄市博物馆、南雄市珠玑巷、乐昌市金鸡岭、始兴县博物馆、翁源县烈士陵园、新丰县烈士陵园、乳源县必背瑶寨、韶关市博物馆、韶关学院、乳源县南岭国家森林公园、乳源县民族博物馆、始兴县满堂客家大围、乐昌市博物馆、南雄市梅关、韶关市国防教育馆和韶关军分区军史馆、韶关市档案馆等共22个市级爱国主义教育基地。其中，曲江区马坝人博物馆、仁化县双峰寨还获得“广东省爱国主义教育基地”称号。除此之外，各县、区还建立了一批县级基地，如翁源周陂镇的陈氏宗祠、龙仙镇的三华书堂石等。有些基层单位，如韶关学院，为了就近利用资源，也先后建立了 包括爱国主义教育基地在内的40多个社会实践基地。教育基地的建立，构建起一个爱国主义教育平台，为开发和利用爱国主义教育资源创造了有利条件。

第二，组织和出版一批文本。爱国主义教育基地的许多人和事虽然远离了当今人们的生活，但很多珍贵的历史资料却清晰地记载着，成为人们熟悉、了解那段历史的凭证。多年来，韶关市县（区）各级领导一直致力于爱国主义教育资源的开发和利用，组织编写和出版了一批文本，如反映中国共产党领导人民进行斗争的《中共北江地方史》《北江农暴》《韶关英烈传》《粤北抗战史料》等；反映历史名人传略的《武溪集校笺》《历代名人与韶关》《张九龄诗句选读》《余靖研究论文选》等；反映名胜景点的《必背瑶寨》《梅岭古今》《魂牵珠玑巷》《中国丹霞》等。这些文本是进行爱国主义教育资源的好素材，真实生动，且具有很强的震撼力。

第三，积极开展有组织的一系列活动。根据党中央国务院有关指示精神，韶关市各级领导积极利用各种法定节日、传统节日和纪念日集中开展以爱国主义为主题的宣传系列教育活动，使爱国主义教育深入人心。例如，2009 年韶关市为了庆祝新中国成立 60 周年，开展了以“爱祖国、爱韶关、爱家乡”为主题的系列文化活动：一是组织了“祖国在我心中”百首爱国歌曲传唱活动；二是组织了广东省第九届“百歌颂中华”歌咏比赛；三是举办了庆祝新中国成立 60 周年“爱我韶关·欢乐韶关”文化广场系列活动；四是举办了“祖国在我心中”专题文艺晚会；五是举办了“韶关市庆祝新中国成立 60 周年美术、书法、摄影、奇石展”；六是举办了“庆祝新中国成立 60 周年韶关市中小学生艺术展暨第十四届‘英东杯’文艺比赛”；七是举办了“为共和国喝彩”之千场电影下乡活动。又如每年清明节，积极组织干部、群众以及学生到烈士陵园扫墓，仅 2010 年韶关市区就组织 65 个基层单位 6 300 多人到韶关革命烈士陵园举行祭奠活动。对祭奠活动，有些单位一直坚持不懈地进行，如韶关学院每年都把到韶关革命烈士陵园举行祭奠活动当作一项传统革命教育活动。更为可喜的是，他们在组织开展这项活动的过程中，无论在内容上还是在形式上都始终带有强烈的时代气息，保持与时俱进，让活动始终保持强烈的感染力和教育力。

第四，大力开展包括红色旅游在内的旅游观光活动。为了推进韶关旅游业发展，推动韶关经济发展，并用祖国大好风光、民族悠久历史、优良革命传统和现代化建设成就教育干部、群众特别是青少年学生，近年来，韶关市县（区）各级领导都在加大力度，积极宣传韶关旅游景点，如曲江区马坝人博物馆、仁化县双峰寨、仁化县丹霞山等，使四方游客到韶关爱国主义教育基地，旅游人数络绎不绝，呈逐年上升态势。据有关部门统计，2005 年到韶关旅游人数为 502. 96 万人次，2006 年为 611. 38 万人次，2007 年为 853. 75 万人次，2008 年为 1 044. 25 万人次。通过旅游活动，不但提高了人们的审美体验，也增强了爱国情感，提高了思想道德修养。

综上可知，在韶关市县（区）各级领导关心和支持下，韶关市各级爱国主义教育资源得到挖掘和利用，但也存在许多有待提高的地方。主要表现在：

一是韶关爱国主义教育资源开发挖掘的深度不够。在调查中发现，多数市级爱国主义教育基地的挖掘和利用较好，但县区级爱国主义教育基地大多尚处在初步开发和利用阶段。有的因资金问题如筹建北伐大本营纪念馆，就全国而言可谓是非常独特的教育资源，市人大早就通过，却因资金问题到 2010 年才动工建成；有的囿于党派之见，在全国有一定影响的粤北本地历史名人及其遗址，也没有得到合理的挖掘和利用。

二是韶关爱国主义教育资源主要分布在不同的县区乡镇，零零星星，不够集中，这既不便于总体保护，也不利于旅游业的发展。有些基层组织对爱国主义教育资源的认识不到位，认为搞爱国主义教育资源是只花钱没回报的事，因而任随岁月风吹雨打而不加修缮，以至于有的坍塌，有的残破不堪，如翁源三华书堂石、始兴沈所红围、武江重阳西水暴动旧址青水塘炮楼。更有甚者，一些人不尊重历史遗存，将其乱拆乱建或改作他用，如翁源某镇人民英雄纪念碑的草坪上到处放满柴草及其他杂物。[①]

三是韶关爱国主义教育资源大多集中在革命老区，地处偏远，道路崎岖，交通不便，可进入性较差，这是需要重点解决的问题。此外，各旅游景区的基础设施也比较落后，开发还面临着资金短缺的问题。

三、爱国主义教育资源挖掘和利用的建议

为了加快爱国主义教育资源挖掘和利用，笔者通过对韶关爱国主义教育资源调查，以小见大，认为至少要从两个大方面九个小方面去挖掘和利用：

从宏观方面看，主要应从四个方面考虑：

一是合理开发和利用韶关市爱国主义教育资源。建议韶关市制订一个开发和利用韶关市爱国主义教育资源的总体规划，在韶关市委市政府的领导下，由市委宣传部牵头，协同文明办、市团委、旅游局等有关单位，成立有各区、县（市）参加的韶关市爱国主义教育资源开发协调领导小组，负责市爱国主义教育资源的开发工作。各区、县（市）各级地方政府要顾全大局，打破行政界限，破除地方保护主义，统一规划，分步推进，合作开发资源。这既可减少资源破坏和资金浪费，避免和克服无序开发及重复建设，又可避免对生态环境的破坏，实现爱国主义教育资源的可持续发展，争取利用五年左右时间，形成充分挖掘和利用韶关市爱国主义教育资源的大格局。

二是要加大资金投入力度。韶关市所管辖区县不仅山多水美、地形奇特，森林覆盖面积大。不仅是广东省大氧吧，而且都是革命老区，为中国革命发展和新中国诞生做出了不朽贡献。据《韶关市志》记载，仅韶关在

① 笔者2022年注：这些年已得到充分利用，纪念碑得到翻新，原来放满杂物的草坪变成了广场。

民主革命时期留下的革命旧址就有26处[2]（据《韶关市志》第2141页记载，民主革命时期在韶关留下革命旧址有33处，实际上包含清远市7处，所以此处不含清远市7处）。因此，广东省委省政府在把韶关划为生态发展区时要加大资金投入的力度，建设包括爱国主义教育资源在内的各种基础设施、道路交通、接待条件等方面。韶关市当地政府也要认真考虑建立开发爱国主义教育资源的资金投入机制，设立基金会，建立多元化的投资体系，解决开发建设中的资金短缺问题。在促进爱国主义教育资源的同时也促进旅游资源开发利用，使其由资源优势转变为经济优势，带动并促进本区相关产业的发展，促进本区经济协调发展。

三是要加大宣传推广力度。韶关所属三区七县（市）相对于富庶的珠三角等地区而言，基本上属于老、少、边、穷地区。韶关交通不便，比较闭塞，可进入性较差，加上没有区位优势，导致外面的人们很少了解这里的爱国主义教育资源。因此要想把爱国主义教育资源做强、做大，就必须将其推向全省、推向全国，就必须增强市场竞争意识，多形式、多渠道、多层次地加大宣传推广力度，如可编制一批图文并茂的宣传册、光盘，利用多种媒体包括广播电视或互联网扩大宣传，扩大本地区的影响，提高旅游知名度，吸引更多的游客到韶关来。

四是抛弃政治派别之见，加大开发力度。一定历史杰出人物是在某一历史时期曾为国家民族独立和发展建立不朽功勋的代表人物。在粤北这片土地上，曾诞生像张发奎、薛岳、陈璘等抵抗外敌的抗日、抗倭名将，但囿于政治派别之见，这些杰出人物具有的价值至今仍没有得到合理开发与利用，甚至现在很多人还不知有其人。因此，建议有关部门可开发和利用其为中华民族独立而立下汗马功劳的历史事迹，对其不利于人民的一面也可促使后人吸取教育，以资借鉴。

从微观方面看，主要从挖掘内涵着手，可从五个方面思考：

一是积极征集保护文物史料、挖掘教育内容。既做好重要文物史料特别是革命历史文物的征集、保护和抢救工作，又做好文物史料的整理和研究工作，不断丰富教育的内容。如韶关市委、市政府正全力开展抗战时期中共广东省委旧址的修复保护工作，并于2009年8月6日在韶关举行“抗战时期中共广东省委暨粤北省委旧址研讨会”。

二是积极改进和丰富展出方式，利用媒体及网络平台，注入时代的气息，增强教育感染力。爱国主义教育不仅需要我们挖掘历史，更需要我们善于运用多种手段，在展示文物原件的基础上，通过照片、图表、模型、地图等以及运用具有现代气息的声、光、电与媒体和网络平台等科技手段，给观众以强烈的视觉印象，增强文物展示的现场效果，使爱国主义教育更贴近现实，更容易感动人们、被人们所接受。

三是在教育活动的设计、组织方面加大力度，发挥示范作用。要充分利用各种节日、纪念日，继续组织开展知识竞赛、读书征文、文艺演出等生动活泼、富有教育意义的活动，对广大群众特别是青少年进行生动直观的爱国主义教育。如组织到南雄梅关古道参加活动时，可开展朗诵张九龄诗词和陈毅诗词比赛；参观游览翁源三华书堂石时，可进行朗诵诏谒诗词比赛。这样不仅可以丰富活动内容，而且也使教育者获得精神财富，从而使思想得到进一步升华。

四是要强化爱国主义教育基地旅游功能。一般来说，爱国主义教育基地多为文博场所，旅游的发展，对文物保护有一定的负作用，这是不容忽视的事实。但我们绝不能因此而将文物保护与发展旅游截然对立起来，否则，既违背了保护文物的根本目的，又无视人民群众普遍的心理需求。发展旅游，借助市场化运作可以部分解决爱国主义教育基地诸如文物保护经费不足等问题，促进基地建设和资源挖掘开发。同时，旅游产业的发展，使爱国主义教育基地大量的文物古迹直接面对旅游者，不仅弘扬了中国的传统文化、丰富了人们的知识，而且使人们增强了文物意识，使全社会都重视文物保护工作。这样，既促进旅游业发展，又促进爱国主义教育基地开发利用，使爱国主义教育事业与旅游事业和谐发展。

五是编撰有地方特色的爱国主义教材，以教材促进爱国主义教育。爱国主义教育要长期有效进行就必须走进课堂（包括各种各样的培训课堂），只有走进课堂，才能变成经常性的、生动性的教学内容，才能真正起到陶冶受教育者的思想情操的作用。要让爱国主义教育走进课堂，就必须有相应的教材及其教辅资料。没有教材，爱国主义教育只能是短期的行为。在这方面韶关市有关部门曾组织编写和出版一批文本，但至今还没有一套以韶关市爱国主义教育基地为主要内容的完整教材及相应配套的教辅资料。为此，编写一整套适用不同年龄段爱国主义教育教材就成了当务之急。

（原载《韶关学院学报》2010 年第 10 期，收入本书略有删改）

参考文献

［1］列宁全集：第二十八卷［M］. 北京：人民出版社，1985：168－169.

［2］韶关市地方志编纂委员会．韶关市志：下［M］. 北京：中华书局，2001：2141.

论韶关红色文化的开发与传承[①]

杨华山

导　语　中国共产党领导中国人民在革命中创造的红色文化蕴含着丰富的革命精神和厚重的历史文化内涵。在中国面临“百年未有之大变局”的形势下，红色文化是实现中华民族伟大复兴的强大精神动力。无数革命志士不仅为韶关人民种下了红色革命基因，也留下了众多的红色文化遗址和遗迹，这是韶关人民宝贵的精神财富。韶关人民应该倍加珍惜、爱护、开发与传承好本地区的红色文化，为争当粤北生态发展区高质量发展排头兵、建设善美韶关提供强大的精神动力与信仰支撑。

具有五千年文明历史的中华民族创造了悠久灿烂的文化，在长期的历史发展变迁过程中形成了优秀的中华文化传统。自中国共产党成立以来，党领导人民创造了特有的红色文化。作为粤北交通、军事重镇的韶关，在新民主主义革命时期，中国共产党人在这片红色土地上创造了光辉鲜艳的红色文化。这是新时代韶关人民宝贵的文化遗产和精神财富，必须善加保护、开发与传承，充分发挥其促进善美韶关全面发展的作用。

---

① 本文系参加韶关市人民政府主办“韶文化传承与发展高峰论坛”（2019年4月，广州）论文，收入《韶文化传承与发展高峰论坛》论文集。为反映当时研究状况，收入本书时仅润色词句，数据等信息未作改动。

一

不同的民族和国家都有属于自己的独特文化与历史，经过长期的沉淀、累积与传承成为本民族、本国家的历史文化传统。历史文化传统既是区别于他民族与国家的软标志，也是本民族与国家的历史文化遗传基因。

坚定“四个自信”已是常识，其中的“文化自信”是习近平总书记提出来的。2016年7月1日在庆祝中国共产党成立95周年的大会上，习近平总书记明确提出：中国共产党人坚持“不忘初心、继续前进，就要坚持中国特色社会主义道路自信、理论自信、制度自信、文化自信”[1]。在党的十九大报告中，习近平总书记进一步指出：文化是一个国家、一个民族的灵魂。文化自信是一个国家、一个民族发展中更基本、更深沉、更持久的力量。文化兴国运兴，文化强民族强。没有高度的文化自信，没有文化的繁荣兴盛，就没有中华民族伟大复兴。中国特色社会主义文化，源自于中华民族五千多年文明历史所孕育的中华优秀传统文化，熔铸于党领导人民在革命、建设、改革中创造的革命文化和社会主义先进文化，植根于中国特色社会主义伟大实践。党领导人民在革命中创造的革命文化就是红色文化，它蕴含着丰富的革命精神和厚重的历史文化内涵。

可见，在中国文化系统中，包含了中华优秀传统文化、革命文化（即红色文化）和社会主义先进文化三个子系统。其中红色文化起着承上启下、传承创新的中间桥梁作用。

党的十八大以来，习近平总书记强调要把红色资源利用好、把红色传统发扬好、把红色基因传承好。红船精神、井冈山精神、长征精神、延安精神、西柏坡精神等已经成为中华民族精神族谱的一部分，成为我们情感的依托、精神的归宿、前进的动力。

在中国特色社会主义事业进入新时代之际，习近平总书记强调不忘初心、牢记使命，倡导红色文化，是与国际国内形势的发展变化密切相关的。经过40多年改革开放的发展，我国经济社会发展取得翻天覆地的变化，从温饱问题尚未解决的贫穷落后国家发展成为仅次于美国的世界第二大经济体。但随着世情、国情、党情的深刻变化，新情况、新矛盾、新问题层出不穷。我国的改革已经进入攻坚期和深水区，很多领域的改革难以顺利推进，整体经济态势进入新常态，经济发展速度趋缓，由10年来的高速增长转为中高速增长。在新的形势之下，我们党面临着执政考验、改革开放考验、市场经济考验、外部环境考验，而在这“四大考验”面前，我们党存在着精神懈怠危险、能力不足危险、脱离群众危险、消极腐败危险。如何应对此“四大危险”，是摆在我们党面前的新难题。

所谓世情、党情、国情的深刻变化，可以说是中华民族面临的又一个空前的大“变局”。

关于中华民族面临“千年未有之变局”的问题，一个半世纪之前，洋务运动之巨擘李鸿章即敏锐地感觉到了。面对西方列强的入侵，他说中国正面临着“三千余年一大变局”“数千年来未有之变局”。[2]为此，他大力倡导向西方列强学习，践行魏源提出的“师夷之长技以制夷”，促使清王朝开启了向西方资本主义列强学习的洋务运动。但由于封建专制独裁制度的掣肘，衰落腐败的清政府不可能挽救中华民族的命运。

今非昔比。目前中国所面临的前所未有之变局与晚清时期大变局的性质是完全不同的。有学者认为，经过40年改革开放，铸就了中国数千年未有之变局，这主要是从总结改革开放所取得的巨大成就及其深远影响着眼。习近平总书记也在多个场合提到“我们面对的是百年未有之大变局”，这是站在世界的角度，高瞻远瞩，超越历史、面向现实、展望未来；对于中国来说，机遇与挑战并存，要化危为机，在新的起点踏上新的征程，实现中华民族从站起来到富起来、从富起来到强起来的伟大复兴梦。实现中华民族的伟大复兴梦，绝不仅仅是一句激动人心的漂亮口号，而是一项必须脚踏实地艰苦奋斗的伟大事业。在“四大考验”面前，我们却存在着“四大危险”，“危险”不除，“考验”难过，事业难成。“四大危险”说到底还是主观能动性问题，要消除危险必须充分发挥主观能动性和积极性。作为中国共产党，就必须要有坚定的信仰支撑、牢固的宗旨意识和强大的精神动力，而红色文化、革命精神正是其遗传基因和不竭源泉。这也是十九大后习近平总书记带领中共中央政治局常委赴上海瞻仰中共一大会址、赴浙江嘉兴瞻仰南湖红船，带领中共中央政治局常委在上海中共一大会址纪念馆一起重温入党誓词的原因。

在新民主主义革命时期，韶关人民在中国共产党的领导下，积极响应反帝反封建革命，为中国革命的胜利做出了自己的贡献，留下了丰富的红色文化资源。我们应该对其加强研究与传承，坚持保护与开发并重，使之成为韶关人民追求美好生活的重要动力与源泉。

二

新民主主义时期的韶关与整个中国革命的形势与发展密切相关与同步发展。

受五四爱国运动的影响，韶关地区的爱国青年学生也积极投身到反帝反封建的革命活动中，宣传革命思想。在国共合作的大革命时期，韶关也掀起了工农运动，成立农会和工会组织。1925 年成立了韶关地区最早的党支部中共曲江支部，次年成立了中共北江地方执行委员会。地处粤北的韶关也成为北伐战争的始发地，为北伐战争做出了特殊的贡献。但由于国民党反动派叛变革命，北江地区的共产党人遭到捕杀，革命形势陷入低潮。

八七会议后，北江地区恢复了党组织，并被广东省委确定为全省暴动中心地区之一。曲江、仁化、南雄相继爆发了暴动，其间南昌起义后朱德率部到达曲江、仁化等地，有力支援了韶关地区的农民暴动，并攻入了仁化县城。其中石塘寨保卫战中，寨内军民不畏强敌，浴血奋战坚持 10 个月之久，被广东省委称为“农民暴动中最伟大的战斗”。

井冈山根据地时期，1929 年到 1932 年间，朱德、毛泽东率领的红四军和彭德怀率领的红五军曾经三次打进南雄、两次进入仁化，筹款缴获甚丰，宣传和发动群众支持并参与革命。

1931 年 1 月，邓小平、张云逸等率领的广西左右江的红七军经过粤北连山、连县、阳山、乳源、乐昌、仁化向中央苏区转移过程中，对韶关地区的革命斗争，起到了重要的推动作用。

1932 年，蒋介石为了组织第四次对中央红军的“围剿”，调遣广东军阀陈济棠一部进入赣南。为保护中央苏区，红军调主力第一、三、五军团挺进赣南和粤北，计划在运动战中消灭敌人。1932 年 7 月，第一、五军团在南雄水口与敌展开了三天激战，双方都遭受了重大伤亡。毛泽东参与了战斗指挥，共击溃敌 15 个团，打击了陈济棠军的嚣张气焰，保证了红军的向北发展。

第五次反“围剿”失败后，中央红军被迫长征。1934 年 10 月长征红军进入南雄境内，经过南雄界址、乌迳，仁化的长江、城口，乐昌的麻坑、九峰，相继突破了敌人的封锁。红军主力长征后，留下来的红军在项英和陈毅领导下，在南雄油山一带进行了艰苦卓绝的三年游击战争，直到全面抗战爆发，国共第二次合作，这支部队编为新四军第一支队，于 1938 年 2 月开赴苏皖抗日前线。

抗日战争时期，为了恢复和加强党的领导，1939 年在曲江成立了中共北江特委，发展党组织和党员、组织抗日团体，发动群众积极抗日。广州沦陷后，国民党广东省政府、省党部、第四战区长官司令部北迁韶关，韶关成为广东省的战时省会。中共广东省委机关也迁到韶关，设于西河八路军驻韶关办事处，后来随着时局的变化，省委机关先后迁往南雄、始兴红围，1941 年又回迁韶关。在红围期间，根据中共中央和南方局的指示，撤销广东省委，成立粤北省委和粤南省委。在党的领导下，克服了重重困难，尤其是“粤北省委事件”的负面影响，抗日民族统一战线工作卓有成效。1945 年 1 月，日军占领韶关，中共领导了北江地区的抗日游击战争，打击了日本侵略者、汉奸卖国贼及国民党反动派嚣张气焰，迎来了抗日战争的最后胜利。

抗战胜利后的和平是短暂的，1946 年 6 月国民党蒋介石反动派撕毁了国共停战协定，挑起了全面内战。在党的领导下，韶关地区的武装人员结束隐蔽生活，走出山林，重新开展活动，发动组织群众，武装反抗国民党的反动统治。韶关地区的武装人员与江西、湖南、广西相邻地区的武装队伍联合行动，取得了反“清剿”斗争的胜利。同时，粤北党组织的统战工作也壮大了革命力量，孤立和打击了反动势力。随着全国解放战争的迅猛发展，国民党反动派兵败如山倒，人民解放军南下大军势如破竹，韶关地方党组织、武装人员和人民配合人民大军，从 1949 年 8 月到 10 月，先后解放了翁源、新丰、南雄、始兴、仁化、曲江、乳源、乐昌，到 12 月粤北地区全境解放。

从大革命开始到新民主主义革命的胜利，韶关人民的命运与中国革命的发展密切关联。无数革命志士在党的领导下，为韶关的解放、为中华人民共和国的成立抛头颅洒热血，不仅为韶关人民留下了红色革命基因，也留下了众多的红色文化遗址和遗迹，这些无疑是韶关人民宝贵的精神财富。对此，现在的韶关人民应该倍加珍惜、爱护、开发与传承好本地区的红色文化。

三

革命先烈的奋斗与牺牲换来了韶关人民的解放与自由，韶关人民也从来没有忘记过他们，以各种方式怀念和纪念他们的丰功伟绩。

党的十八大以来，广东省加快了对红色文化研究的步伐，加大了开发与传承的力度。2017 年 3 月，广东省启动了“全省红色军事文化遗产维修保护三年行动计划”，以实现红色军事文化遗产保护险情全部排除，对外开放规模持续扩大，展示利用水平显著提升的总体目标。广东省财政从 2019 年起连续 5 年统筹安排 85 亿元，同时引导发动社会资本多元化投入，支持加强红色资源保护利用，扩大保护范围。

在此背景下，革命历史重镇韶关也高度重视红色资源的保护与开发。据调查统计，韶关目前共有革命遗址、遗迹、纪念设施 329 处，其中红军遗址、遗迹有 131 处，红军烈十纪念碑（园）8 座，经认定命名的红军遗址（旧址）文物保护单位37个，红军历史文物1 120余件，红军历史文献50多万字，是广东省红色资源最为丰富的地区之一。

对丰富的红色文化资源，韶关市也高度重视。两年来，韶关市围绕“全面保护、重点利用、突出主题、形成亮点”的整体思路，着力从六个方面做好保护和利用红色资源的工作。一是深化普查成果，建立“红色档案”。对普查确定的遗址遗迹逐个做好修缮保护的设计方案，做出红色遗址的分布图、路线图、全景图，给每个遗址建立“一址一卡”档案。二是建好红军长征粤北纪念馆，打造“红色基地”。以该馆为轴心，连接仁化、南雄、乐昌境内的长征遗址，在全市形成一个长征文化遗址群。三是推进修缮保护工作，刻画“红色印记”。对全市红色遗址进行命名保护，对重要遗址进行重点保护和利用，如南昌起义部队活动旧址、朱德旧居、梅花战场旧址、水口战役遗址、毛泽东居住南雄旧址等得到了有效保护。四是组织历史资料汇编，完善“红色族谱”。五是抓好学习教育，传承“红色精神”。组织编写《韶关红色故事集》，将重要遗址列入党校实地教学点、纳入中小学校乡土教材和校外活动基地，广泛开展以“学习革命历史，传承红色精神”为主题的革命传统和爱国主义教育。六是做好红色旅游线路规划，开发“红色产业”。做好全市红色旅游产业规划，重点打造有重要历史文化价值的旅游点、旅游镇、旅游线，积极引进红色旅游开发项目，不断完善发展红色旅游的基础设施，打造全省“红色旅游目的地”。对部分红色遗址固有的传统教育和旅游功能，采取政府投入加社会资本合作方式进行开发利用。

这些都是建立在调查、研究和宣传韶关红色文化资源的基础上，实地普查、课题研究、媒体宣传、学术研讨、专题讲堂等都颇有声色。韶关已推出的八张红色文化名片“犁市当铺”、“血战梅花”、“杨家寨”、“城口突围”、“坪石大捷”、《梅岭三章》、“双峰寨”、“广东省委、粤北省委机关旧址”已经产生了相当广泛的社会影响。

保护的同时，各地结合实际，形成了各具特色的红色资源开发与利用路径。目前韶关唯一被列入“中央苏区县”的南雄市充分利用苏区牌，创新县域经济发展新模式；红军长征粤北纪念馆所在地仁化县城口镇整合红色资源，打造红色特色小镇；南昌起义后朱德在浈江区犁市练兵处的犁铺头正在打造红色旅游基地，打造犁市红色文化旅游小镇；中共广东省委粤北省委五里亭机关旧址建成了首个省市共建“新时代红色文化讲习所”，成为党员干部学思践悟习近平新时代中国特色社会主义思想的重要阵地、传承红色基因的重要载体、开展主题教育和党性教育的重要平台……这些都充分说明韶关对红色文化的重视、保护、开发与利用的程度与力度。

尽管成绩斐然，但韶关对红色文化的开发与传承方面仍有不少值得加强与改进的地方。

第一，进一步提高对红色文化保护、开发与传承重要意义的认识。中共中央办公厅、国务院办公厅于 2018 年印发了《关于实施革命文物保护利用工程（2018—2022 年）的意见》（以下简称《意见》）。《意见》指出保护利用革命文物的重大意义，提出了总体要求、主要任务和重点项目，并对实施保障提出了要求，加强组织领导、加大财政投入。[3] 在《意见》下发前，韶关市即制定了主要任务与重点项目，并在有序地落实进行之中。由于韶关属于广东粤东西北的欠发达地区，财政能力有限，所以在财政投入方面满足不了本地众多革命文物的保护利用之需，故有必要向国家和省积极申请专项经费，用于韶关红色文化的保护、开发与传承。

第二，进一步加强研究与宣传，提升红色资源的保护层级。中央宣传部、财政部、文化和旅游部、国家文物局联合公布了《革命文物保护利用片区分县名单（第一批)》，第一批革命文物保护利用片区分县名单涉及 20 个省、110 个市、645 个县，其中，广东省有原中央苏区片区（11 个）和海陆丰片区（23 个）合计 44 个，其中重叠 8 个（梅江区、梅县区、大埔县、丰顺县、五华县、兴宁县、龙川县和饶平县）[4]。韶关市只有南雄被列入原中央苏区片区。根据文件要求，被列入第一批革命文物保护利用片区分县名单的县级行政单位，应有相应的革命史实和县级文物保护单位以上级别的革命文物。对此，韶关今后应有针对性加强宣传、立体宣传，融通多媒体，推进“互联网+”红色资源，对红色文化进行全景式、立体式、延伸式展示宣传，提升韶关市重点革命文物的保护级别，争取更多的县如仁化、乐昌、始兴等进入下批次革命文物保护利用片区分县名单。目前推出的八张红色名片，也需要深入挖掘，比如红军主力长征后留下的红军在南雄大岭下召开了分散游击的重要会议，其意义也足以成为一张红色名片。在调查和研究红色文化的过程中，应注重探明历史真相，总结经验的同时，也要重视吸取历史的教训。

第三，增加投入，加强基础设施建设。除了本市增加投入以外，积极向上级申报专项经费，健全红色资源保护利用多元投入体系，积极引导社会资金参与红色资源工作。除了对红色资源本身的保护、维修、复原之外，交通等基础设施建设也亟须加强。如抗战时期曾作为省委机关的始兴红围，其交通条件亟须改善；各地红色文化的硬软环境与设施都需要提升，特别是红色旅游的导游及管理人才缺乏，须加快培养，以满足形势发展的需要。

第四，创新红色文化保护与利用的路径。各地环境条件、红色资源情况不同，保护与开发就需要因地制宜，可以向兄弟省份、地区学习，但不能盲目照搬。中央苏区核心地区的江西省将革命文物保护利用与推动发展、乡村振兴、惠及民生相结合，形成了四种革命文物保护利用的模式，一是瑞金、井冈山革命旧址与红色精品景区建设相结合，二是赣州的宁都革命旧址与特色乡镇建设相结合，三是抚州的金溪革命旧址与休闲农业旅游相结合，四是吉安青原革命旧址与传统村落保护结合，均取得了很好的效果。[5]比如宁都会议革命旧址所在的小源村成为全国乡村旅游点建设村，革命旧址集中的黄陂镇成为“江西省百强中心镇”；瑞金市2017年旅游接待人次突破了1 000万人，实现旅游收入45.43亿元。这些方式值得韶关创造性学习与借鉴，形成具有自己特色的与脱贫攻坚、乡村振兴、文化建设、旅游发展、民生福祉改善相结合的红色资源的保护与利用模式。

第五，重视红色文化精神的提炼与传承。保护红色文化遗迹遗存遗址、建设红色文化场馆、出版红色文化媒体、发展红色文化旅游、开展红色文化会议、摄制红色文化影视等，都是宣传红色文化的方式，但弘扬与传承红色文化的核心则是红色文化精神。革命文物是革命文化的物质载体，通过革命文物发挥其教育功能，传承革命传统，弘扬革命精神。创新红色文化与干部教育、大中小学教育相结合的方式。编辑出版韶关红色文化教材，让红色文化进学校、进教材、进课堂，将韶关重要红色遗址、场馆建成爱国主义教育基地。在中共广东省委粤北省委五里亭机关旧址“新时代红色文化讲习所”的基础上，可以考虑与韶关市委党校联合，选择一个最有代表性的红色文化遗址建设干部学院，打造成韶关市的“井冈山干部学院”，培养新时代的韶关干部，将红色文化作为重要的精神食粮。在教育和传承的过程中，一定的形式是必要的，但更重要的是传承红色文化的精神内核。中央苏区片区南雄的红色旅游开发较有声色，身穿红军服、重走长征路很受欢迎，但如何从“走路”达到“走心”，还需要进一步探究与提升。

此外，对接国家和广东省有关法规与规划，应重视制定韶关地方红色文化保护、开发与传承的相关法规。

韶关市在调研、保护、开发与传承红色文化方面已经取得了很大的成绩，但在加大投入、扩大宣传、提升层级，尤其是对红色文化精神的开发与传承需要进一步加强与创新。

党的十九大结束后，习近平总书记率领新一届政治局常委在中共一大纪念馆重温入党誓词。作为改革前沿阵地的广东省，政治局委员、广东省委书记李希率领省委常委集体瞻仰中共三大会址，重温入党誓词。革命老区韶关市也立即响应，市委书记莫高义率领市委常委班子集体瞻仰中共粤北省委旧址，重温入党誓词。这充分说明韶关对传承红色基因的高度重视。新民主主义时期，在党的领导下，革命先烈在韶关地区留下了丰富的红色文化资源，韶关与相邻同为革命老区的赣州、郴州被称为“红三角”

地区，再往东延伸是革命老区闽西龙岩，实际上构成了“红四边”。相对于赣州、龙岩、郴州来说，韶关的红色资源禀赋欠缺优势，但也有自己的特色与长处。面对“百年未有之大变局”，韶关遵循国家和广东省的战略布局，积极融入珠三角，服务于大湾区，争当粤北生态发展区高质量发展排头兵，不忘初心，牢记使命，保护和传承红色文化精神将为此提供强大的精神动力与信仰支撑。

参考文献

[1] 习近平．习近平谈治国理政：第二卷 [M]. 北京：外文出版社，2017：36.

[2] 李鸿章．李鸿章全集：第2册 [M]. 长春：时代文艺出版社，1998：874，1063.

[3] 中共中央办公厅　国务院办公厅．关于实施革命文物保护利用工程（2018—2022年）的意见 [EB/OL]. http://www.gov.cn/zhengce/2018-07/29/content_5310268.htm.

[4] 中央宣传部，等．关于公布《革命文物保护利用片区分县名单（第一批）》的通知 [EB/OL]. http://www.ncha.gov.cn/art/2019/3/18/art_722_154241.html.

[5] 李希郎，等．青原区革命文物保护利用实施“五个一”：革命文物与传统村落保护利用相结合的青原模式 [J]. 南方文物，2019（2）：270-271.

活化红色资源赋能资政育人①

刘　军　曹雪聪

导　语　红色资源承载着中国共产党人百年奋斗的初心使命，记载着中国共产党人艰苦卓绝的奋斗历程，彰显着中国共产党人的红色气质，有着独具特点又无可替代的资政育人功能。韶关红色资源丰富，红色文化底蕴深厚，具有鲜明特色和时代特征。活化韶关红色资源有助于我们在新时代坚定执政理念、提升执政能力、夯实执政基础，同时也能起到促进革命精神教育、加强理想信念教育以及提升理论认知教育等资政育人的作用。

红色资源是指中国共产党领导中国人民在革命、建设和改革过程中形成的纪念物、遗址旧址以及凝结在其中的物质与精神财富。党的十八大以来，习近平总书记反复强调要用好红色资源，传承好红色基因，把红色江山世世代代传下去[1]。红色资源承载着中国共产党人百年奋斗的初心使命，记载着中国共产党人艰苦卓绝的奋斗历程，彰显着中国共产党人的红色气质，有着独具特点又无可替代的资政育人功能[2]。

① 基金资助：2022 年度韶关市哲学社会科学规划课题“韶关红色文化资源服务资政育人研究”阶段性成果。

一、韶关红色资源的特色与优势

韶关红色资源丰富，红色文化底蕴深厚，保护与利用好红色资源，弘扬红色文化，擦亮红色品牌，是新时代传承红色基因的要求，也是丰富韶关红色精神赋能资政育人的需要。

（一）韶关红色资源内容丰富、历史厚重

韶关据五岭之口，当百越之冲，地处粤、湘、赣三省交界处，特殊的地理位置使其自古以来就是兵家的必争之地。新民主主义革命时期，韶关这片土地上留下了许多红色印记，如孙中山先生曾两次来韶督师北伐、“四一二”反革命政变后韶关农民自卫军积极反抗国民党反动派、朱德率南昌起义余部在韶关的革命活动、韶关在抗战时期作为战时省会等。特别是老一辈革命家，如毛泽东、朱德、邓小平、陈毅、彭德怀、刘伯承、罗荣桓、聂荣臻、叶剑英等，都曾率红军在韶关开展过革命斗争。共和国十大元帅有多位曾在此战斗和生活过，留下了许多红色历史遗迹和精神财富。如南昌起义军一部活动旧址、红七军梅花战场旧址、红军长征城口修整旧址、红一方面军水口战役遗址等，以及朱德犁市当铺旧居、毛泽东南雄旧居等，原貌保存比较完整。2016 年，韶关十个县（市、区）被中央老区办命名为革命老区，南雄还是全国的“中央苏区县”之一。据 2016 年出版的《广东省红色军事文化遗产名录》中，韶关重要红色遗址达 37 个之多，比总量第二位的梅州多出 10 处。后来，韶关文化部门对全市的红色革命遗址（迹）进行普查和统计，全境现有红色革命遗址 287 处，其中重要事件发生地 102 处、机构旧址 85 处、纪念性建筑 42 处、战斗遗址 23 处、名人故居 14 处、烈士墓地 21 处。此外，经过认定命名的红军遗址（旧址）文物保护单位 37 个。除了物质层面外，韶关红色资源文化层面的展现也丰富多彩，如电影《战时省委》、文学作品《北江怒潮》、史学著

作《中共北江地方史》、资料汇编《粤北抗战资料选编》以及各市县的地方志等。由此可见，韶关作为原中央苏区革命活动的重地，革命历史悠久、红色底蕴深厚、红色印记众多，是我党我军在不同历史时期不忘初心、肩负使命的真实写照和地方坐标，为活化红色资源赋能资政育人提供了丰硕的物质基础和精神素材。

（二）韶关红色资源具有鲜明特色和时代特征

韶关红色资源承载着历史的见证，述说着我们党和军队成长壮大的革命历程。革命战争时期，无数韶关儿女在中国共产党的领导下，同国民党反动派、外来侵略者进行了英勇抗争。在这一过程中，他们逐渐形成了不畏牺牲、勇于奋斗的革命精神。进入改革开放新时期，韶关作为老工业城市，一代又一代的韶关人用生命和汗水创造了一个时代的辉煌，磨砺形成了以“艰苦奋斗、甘于奉献、坚韧实干、追求卓越”为核心的韶关工矿精神[3]，这是韶关人接续锻造的宝贵精神财富，也是推动韶关持续发展的不竭动力。迈入二十一世纪，尤其是在习近平总书记亲自谋划、亲自部署、亲自推动的重大国家战略即粤港澳大湾区出台后，广东省委省政府要求举全省之力，按照“一核一带一区”功能规划，全面推进粤港澳大湾区建设。韶关独特的区位优势和便利的交通特点，使其成为内陆腹地对接粤港澳大湾区的“桥头堡”，在加强与珠三角地区的内外联动和东西互动中具有举足轻重的作用。当前，韶关要借助“四史”学习教育活动以及大湾区建设这一东风，以高度的政治责任感和历史紧迫感，大力实施红色资源保护、传承和弘扬工程，切实把革命遗址保护好、把红色文化传承好、把红色旅游发展好，努力把韶关建设成红色革命教育基地、红色文化传播高地、红色旅游目的地，为推动韶关全面融入“双区”建设、高质量加快构建“一核一带一区”区域发展格局和全力筑牢粤北生态屏障、打造绿色发展韶关样板、争当北部生态发展区高质量发展排头兵提供丰富资源禀赋和强大精神支撑。

（三）韶关红色资源开发利用后劲足、潜力大

根据中央《关于实施革命文物保护利用工程（2018—2022 年）的意见）》和《广东省红色革命遗址保护利用行动实施方案》的相关要求，韶关市实施了红色文化精品工程、落实红色文化发展专项经费、重点扶持红色文化重点项目和红色文化创意产品开发、党校要将红色历史文化纳入学员必修课等举措。此外，韶关市还明确提出要建成全省的“红色旅游研学目的地”以及全省重要的“党史军史教育和爱国主义教育基地”[4]，同时还重磅推出了韶关十大红色之旅精品路线——红色遗址体验之旅、爱国主义教育之旅、踏寻先辈足迹之旅、追寻红色记忆之旅、忆苦思甜红色之旅、红色传统教育之旅、革命光辉纪念之旅、重走长征路之旅、革命精神熏陶之旅、红色星火燎原之旅，着力打造全省红色旅游高地。2022 年初的韶关“两会”上，在党中央做出建设长征国家文化公园重大决策之际，市政协委员邓华等在韶关市政协第十二届第五次会议上提出《关于重视和推进长征国家文化公园（广东段）建设的提案》，由市长、市政协副主席牵头督办[5]；在韶关市第十五届人民代表大会第一次会议期间，乐昌市、南雄市、仁化县、浈江区、曲江区代表团代表联名提出了关于加强韶关市红色资源保护利用的议案，会议决定将此议案交由市人民政府实施[6]。以上种种提案和举措，彰显了韶关红色资源开发利用的后劲与力度。

二、韶关红色资源的资政功能

资政，简言之，是指为执政主体提供治理国家和地方的经验借鉴。红色资源产生形成于革命斗争环境和新中国的社会主义建设实践中，包含了中国共产党局部执政和全面执政后积淀下来的政权建设经验。随着中国共产党从领导革命斗争的党向执政党、从领导计划经济的党向领导社会主义市场经济的党的历史方位转变，红色资源对党的执政实践有着重大的时代价值。

（一）活化红色资源，坚定执政理念

首先，红色资源蕴涵着丰富的“为民”思想。毛泽东早在1939年2月20日给张闻天的信中，就提出了“为人民服务”的理念。1944年，他在追悼张思德所作的讲话中，把“为人民服务”明确为对我党我军和一切革命同志的普遍要求，并指出：“我们的共产党和共产党所领导的八路军、新四军是革命的队伍，我们这个队伍完全是为着解放人民的，是彻底地为人民的利益工作的。”[7]后来，毛泽东又一次重申：“共产党就是要奋斗，就是要全心全意为人民服务，不要半心半意或者三分之二的心三分之二的意为人民服务。”[8]首先，由于我们党一贯强调“为民”宗旨，因此在长期的革命战争年代和社会主义建设过程中，党和人民群众形成了血肉不可分离的关系，这是我们党能够取得政权和巩固政权的重要“法宝”。其次，红色资源蕴涵着宝贵的“民主”思想。早在井冈山斗争时期，党和红军就提出了“红军宗旨，民权革命”“革命成功，尽在民众”[9]的口号。中央苏区时期，根据地在进行局部政权建设时实行了较为彻底的民主制度，民主精神体现在苏区的选举运动和经济建设等方面。抗战时期的民主政权实行“三三制”原则，调动了广大人民群众的积极性。1945年，毛泽东针对黄炎培提出的“历史周期率”问题，曾明确指出：“我们已经找到新路，我们能跳出这周期率。这条新路，就是民主。只有让人民来监督政府，政府才不敢松懈；只有人人起来负责，才不会人亡政息。”[10]韶关红色资源中也蕴涵着丰富的“为民”以及“民主”价值取向，如中共中央政治局在《对于南方游击区工作的决议》中对粤赣边三年游击战的地位作用做出了高度评价，指出：“南方各游击区的同志在主力红军离开南方后，在极艰苦的条件下，长期坚持了英勇的游击战争，基本上正确执行了党的路线，完成了党所给予他们的任务，以致能够保存各游击区在今天成为中国人民反日抗战的主要支点，使各游击队成为今天最好的抗日军队之一部。这是中国人民一个极可宝贵的胜利。”[11]粤赣边游击战争中所展现出来的

"长期艰苦奋斗精神与坚持为解放中国人民的意志，是全党的模范"[12]。这些价值取向为我们党执政后确立正确的执政理念起到了重要的导向作用，也是新时代我们必须大力弘扬和永续传承的精神品质。

（二）活化红色资源，提升执政能力

1939 年，毛泽东在《延安在职干部教育动员大会上的讲话》中指出，队伍里边有一种恐慌，不是经济恐慌，也不是政治恐慌，而是本领恐慌。正是有这种清醒和自觉，即使在革命战争环境下，拿惯了枪杆的"泥腿子"们学经济、钻管理、搞建设，在局部执政实践中进行了许多有益的探索，开辟了党的执政能力建设的新天地。在新中国成立前夕，毛泽东又指出：夺取全国胜利，这只是万里长征走完了第一步，严重的经济建设任务摆在面前，需要学会自己不懂的东西，学会管理城市，学会管理生产的方法，学会商业工作、银行工作和其他工作，提高做好经济工作的本领。否则，"我们就不能维持政权，我们就站不住脚，我们就会要失败"[13]。进入社会主义现代化建设时期，全党必须要重新学习，除学马列主义、毛泽东思想之外，还要学经济学、学科学技术、学管理，"几百个中央委员，几千个中央和地方的高级干部，要带头钻研现代化经济建设"[14]。在韶关红色资源当中，实际上也蕴涵着丰富的执政能力建设思想和实践经验，如南雄县苏维埃政府领导南雄各地农民广泛开展以"平田""平仓"为主要内容的土地革命运动，查封没收反动地主豪绅的谷仓、财物，焚烧一批地主的田契和借约，并把没收来的谷物、财物，及时分给贫苦群众。"数万农民分得胜利果实，个个欢天喜地，扬眉吐气，对共产党和新生的苏维埃政府充满了热爱和信赖。"[15]充分挖掘利用这些红色资源，可以继往开来，有助于新时期党的领导干部执政素质和执政能力的提升。

（三）活化红色资源，夯实执政基础

"以人为本"是我们党在革命和建设过程中形成的优良传统。早在革

命战争年代，我们党就把人民群众摆在第一位，从关心人民群众生活入手，从解决群众柴米油盐问题入手，使人民群众体会到共产党是真心实意为群众工作的，是代表群众利益的，从而使人民群众接受共产党的政治主张，投身革命。毛泽东在《关心群众生活，注意工作方法》一文里讲得语重心长。他举例说，长冈乡一个贫苦农民被火烧掉了一间半房子，政府帮助他。有三个人没饭吃，政府救济他。这都是小事吧？把群众的小事做好了，群众就热烈地拥政爱党。当年红色政权号召扩大红军队伍，长冈乡青壮年男子百人中有八十人参加红军。汀州呢？有些群众没柴烧，有些群众没房住，有些群众没盐吃，当地干部不理睬这些生活“小事”。他们只抓大事，扩大红军，组织运输队。结果呢？群众连动员会也不愿参加。重温毛泽东当年的这些讲话，今天对我们仍有振聋发聩的启迪作用。韶关红色资源同样蕴涵着“以人为本”的思想，承载着“想群众所想，急群众所急”的工作方法和工作态度，如阮啸仙在担任仁化县委书记时，明确规定县委常委每天开一次会，县委委员每三天开一次会，研究分析农运斗争形势，讨论布置工作，亲自带领县委一班人每天深入到各乡村去宣传、发动群众，确立“勇敢农民和现有农军无条件容许入党”原则，大力发展组织力量，“安岗现已发展同志四十五人……老董塘吸收同志 28 人，杨屋 10 余人”[16]。他还亲自给党员上党课，紧抓对党员的教育，提高党员的素质和觉悟，使仁化各级党组织在农民运动和武装斗争中发挥了积极领导和模范带头作用。这些红色资源中蕴涵着党的群众路线的丰富历史经验，为我们更好地解决当前面临的执政基础问题打开了新视野，提供了新思路，对于夯实党的执政基础，巩固党的执政地位，具有很强的现实针对性。

三、韶关红色资源的育人功能

红色资源是党和国家的精神文化遗产，也是中华民族宝贵的精神财富，不光具有重大的政治意义和资政价值，也具有深刻的人文内涵和育人价值。

（一）活化红色资源，促进革命精神教育

“革命精神是非常宝贵的，没有革命精神就没有革命行动。”[17]在韶关革命斗争史上，自“四一二”反革命政变后，农民自卫军在共产党的领导下，与国民党反动派进行了激烈斗争，如西水暴动、双峰寨暴动等，表现出共产党人密切联系群众的优良作风；红军长征路过韶关时，不拿群众一针一线，反映了艰苦朴素、廉洁自律的奋斗精神；老一辈革命家在创建油山革命根据地的过程中，体现了不畏艰难、顽强斗争的开拓精神；抗战时期，在外有日军侵略，内有国民党反动派白色恐怖笼罩的危险时刻，折射出了共产党人不怕牺牲、不畏强敌的大无畏精神，等等。在社会主义现代化建设时期，作为广东老工业城市的韶关，又磨砺形成了“艰苦奋斗、甘于奉献、坚韧实干、追求卓越”的韶关工矿精神等。这些红色资源具有强大的生命力和感召力，共同构成韶关弥足珍贵的精神财富，契合韶关当前发展需求，成为新时代韶关发展的普遍共识和思想动力。

（二）活化红色资源，加强理想信念教育

习近平总书记强调：“理想信念动摇是最危险的动摇，理想信念滑坡是最危险的滑坡。一个政党的衰落，往往从理想信念的丧失或缺失开始。”[18]也就是说，党员干部必须具有崇高的理想和坚定的信念，才能从根本上抵制住各种思潮的诱惑和冲击。此外，红色资源也是革命战争年代党的先进性的集中体现，具有深刻的伦理底蕴和价值内涵。红色经典和红色文化中所体现出来的精神导向具有极强的时空穿透力，也是对党员干部进行党性教育的良好素材。对此，习近平总书记曾指出：“在干部教育培训中，理论教育是根本，知识教育是基础，党性教育是关键。要更加突出党性教育，帮助干部始终保持政治上的清醒和坚定，始终保持高尚的道德情操，始终保持共产党人的本色。”[19]因此，利用红色资源开展弘扬理想信念以及党性教育的活动，就是要让广大党员干部踏着革命先辈的足迹，

在先辈们曾战斗过的地方，重温革命先烈之豪言壮语、体验革命斗争之艰难困苦、深悟共产党人之初心使命，鼓舞广大党员干部提高政治站位、把准政治方向、坚定政治立场，持续用党的创新理论武装头脑、指导实践、推动工作，矢志不渝地为党和人民的事业不懈奋斗。

（三）活化红色资源，提升理论认知教育

一般而言，红色资源既涵盖了共产党人不怕牺牲、顽强斗争、敢于胜利的革命精神，也涵盖了共产党人坚定信仰、勇于探索、追求真理的理论素养。井冈山会师前夕，朱德率领南昌起义余部在韶关开展了一系列革命活动，使韶关成为二十八字游击战方针形成地、湘南起义策源地；水口战役的打响，既为稳定中央苏区南翼及红军之后的北线作战创造了条件，也为我们总结克敌制胜的法则提供了经验。此外，《雄声》月刊向南雄青年学生、工人和广大劳苦大众宣传革命思想和马克思主义，号召人民开展反帝反封建斗争，激发了南雄广大青年的爱国主义精神；《北江日报》坚持进行联合抗日及持久战的宣传，深受韶关群众的欢迎，巩固和扩大了北江抗日民族统一战线；中共北江特委开展与陈汝棠、黄开山、张光第、莫雄的统战工作，发展壮大统一战线力量，为抗击日本侵略和反抗国民党反动统治发挥了积极作用，等等。我们要从建党百年辉煌历程中、举世瞩目的伟大成就中，不断学习、感悟老一辈革命家的坚定信仰和崇高风范，深刻领悟“两个确立”的决定性意义，增强“四个意识”、坚定“四个自信”、做到“两个维护”。

参考文献

［1］习近平．用好红色资源，传承好红色基因，把红色江山世世代代传下去［J］．求是，2021（10）．

［2］发掘红色文化育人的精神供给作用［EB/OL］．［2019－05－29］．https：//www.xuexi.cn/a1a84fb25b09d949685bcf5dce3432b2/e43e220633a65

f9b6d8b53712cba9caa. html.

［3］曹智辉，李方静. 弘扬工矿精神 强化内生动力 以新作为开创韶关改革发展新局面［N］. 韶关日报，2018－04－29（A02）.

［4］周耀斌. 努力打造全省一流红色教育高地［N］. 韶关日报，2019－07－31（A01）.

［5］黄河. 立足红色资源禀赋 打响“红色韶关”品牌——2021年市政协重点提案“回头看”系列报道之二［N］. 韶关日报，2022－01－02（A02）.

［6］2022年市两会专题报道：韶关市第十五届人民代表大会第一次会议关于加强我市红色资源保护利用议案的决议［N］. 韶关日报，2022－01－11（A03）.

［7］毛泽东选集：第三卷［M］. 北京：人民出版社，1991：1004.

［8］建国以来毛泽东文稿：第六册［M］. 北京：中央文献出版社，1992：400.

［9］中共中央文献研究室. 毛泽东文集：第一卷［M］. 北京：人民出版社，1993：52.

［10］黄炎培. 八十年来［M］. 北京：文史资料出版社，1982：157.

［11］中央档案馆. 中共中央文件选集：第十一册［M］. 北京：中央党校出版社，1991：403.

［12］中国人民解放军历史资料丛书编审委员会. 南方三年游击战争·综合篇［M］. 北京：解放军出版社，1995：564.

［13］毛泽东选集：第四卷［M］. 北京：人民出版社，1991：1428.

［14］［17］邓小平文选：第二卷［M］. 北京：人民出版社，1993：146，153.

［15］中共南雄市委党史研究室. 南雄人民革命史［M］. 广州：广东人民出版社，1998：29－30.

［16］《阮啸仙文集》编辑组. 阮啸仙文集［M］. 广州：广东人民出

版社，1984：316－317.

［18］徐遥．悟初心、守初心、践初心［EB/OL］．［2019－11－11］．http：//www.12371.cn/2019/11711/ARTI1573413094989141.shtml.

［19］习近平．以改革创新精神做好新一轮大规模培训干部工作［N］．光明日报，2008－07－17（A02）.

红色文化融入基层党建的路径研究①

黄滟珺

导　语　全面从严治党是我党新时期党建工作的重中之重，是我党打破“历史周期率”的重要路径。红色文化是马克思主义中国化的历史实践产物，其产生与发展都与基层党组织保持着天然联系，它并非随着历史发展而被时代所遗弃，其所蕴藏的精神内涵永葆时代生机。用红色文化加强党的组织建设、思想建设、作风建设、制度建设，推动基层党建工作，是从严治党的最有效途径，也是红色文化光辉能动作用的具体体现。

文化是一个国家、一个民族的灵魂。文化兴，国运兴，文化强，民族强。没有高度的文化自信，没有文化的繁荣兴盛，就没有中华民族伟大复兴。[1]作为中国特色社会主义现代化建设的领导者，共产党人更应有崇高的文化自信。而这个文化自信，来自于中国共产党领导人民在革命、建设、改革进程中积累下来深厚的红色文化。用红色文化促进基层党建工作，有助于全面提高党员的党性、提升基层党组织战斗堡垒作用、密切党员领导干部同人民群众的血肉联系，夯实全面从严治党的政治基础、思想基础、组织基础和群众基础。

①　基金资助：广东省2021年度教育科学规划课题（高等教育专项）“抗战时期岭南大学‘红灰精神’的历史意义及其当代价值研究”（项目编号：2021GXJK021）的阶段性成果、2022年度韶关市哲学社会科学规划课题“红色文化融入高校理想信念教育的实施路径研究”（项目编号：G2022016）。

一、红色文化概述

红色文化有广义和狭义之分，二者的区分依据主要表现在空间范畴上。广义的红色文化在空间上确定到了世界范畴，它指的是世界社会主义在产生与发展过程中积累下来的精神成果。狭义的红色文化在空间上确定到了中国范畴，指的是中国共产党领导全国各族人民，在实现民族解放、国家独立及社会主义现代化建设过程中凝聚的观念认知。

红色文化的内容包括物质文化、制度文化和精神文化。物质文化层面的红色文化是中国共产党带领中国人民谋求民主、独立过程中出现的具有重要纪念意义的物质媒介，如名人故居、会议遗址等；制度文化层面的红色文化是与各种法律法规及规章制度相关的规范体系，如“三大纪律八项注意”等；精神文化层次的红色文化是具有特定历史意义、时代标志的精神层次的文化体验，多表现为某一特定历史活动所体现出来的精神文化，如长征精神等。

一般而言，红色文化呈现民族性、人民性、科学性、时代性的特点。红色文化的民族性是指红色文化传承了中华民族最优秀的传统美德——在抵御外族入侵、内忧外患的斗争中，形成的团结、坚韧精神；红色文化的人民性体现了人民是历史的创造者这一唯物史观；红色文化的科学性是指经历了中华民族解放与复兴的实践检验的科学理想；红色文化的时代性指红色文化既是时代的产物，又反映了时代特征。[2]

二、红色文化对基层党建工作的助推作用

红色文化是对中国共产党建党百年来心路历程的总结、提升，是中国共产党的宝贵精神财富。它经历了时间的锤炼，必将为新时期党建工作的开展提供思想之泉、精神支柱，为基层党建工作的开展创造有利条件。

1. 红色文化夯实基层党建的思想基础

作为党建工作的最末端，基层党建工作无论是从形式上，还是从质量上都与党的要求有着一定差距，基层党建工作思想基础薄弱，对党建工作认识不足，缺乏党建工作的决心和信心，是基层党建工作的通病。在中国革命过程中诞生的红色文化，同时也汲取了中华民族的传统美德，并由此形成了以爱国主义为核心的民族精神。红色文化倡导爱国、倡导团结、倡导真善美，从理想、信念、价值取向等诸多方面约束、规范着党员领导干部的行为举止，获得了最广泛人民群众的认可，是根植于基层党员、群众现实需求之上诞生出来的文化精髓。

因此，在基层党建工作中充分发挥红色文化的能动作用，能够从根本上唤醒基层党员干部对党建工作的初心，引发思想共鸣，从而牢记使命，以人民为出发点，艰苦创业、砥砺前行，为基层党建工作的开展夯实思想基础，推进基层党建工作。

2. 红色文化丰富基层党建的内容

加强基层党的建设，其实在一定程度上就是红色文化再续的具体表现。红色文化包括三种基本形态，即物质文化、精神文化和制度文化，这三种文化相互作用，共同构建出丰富多彩的红色文化内容。[3]基层党建工作，其实就是对这三种红色文化形态的再造，只不过是从形式上或者内容上进行了时代的重塑。如物质文化方面的红色文化，基层党建工作就要学会挖掘地方的红色文化遗址，如某次战役的战场、某个红色人物的故居等。如精神文化方面的红色文化，需要基层党建工作实事求是，根据地方特色，建立一些能够推动基层党建工作不断深入的制度、意见等。如制度文化方面的红色文化，基层党建工作者可以借鉴知名红色制度文化，效仿建立新的党建制度等。

因此，充分了解红色文化的本质内涵，认清红色文化的三种基本形态，有助于基层党建工作者以红色文化为党建内容，切实提高基层党建工作质量。

3. 红色文化拓宽基层党建的载体

红色文化表现形式多种多样，有各种各样的红色遗迹，也有丰富多彩的红色舞台剧、影视作品等，这些都是经历了时间沉淀积累下来的宝贵财富。基层党建工作要学会挖掘红色文化基础，用红色文化来拓宽基层党建工作的载体。[4]借助烈士陵园、革命纪念馆等建立基层爱国主义教育基地，让党员干部在爱国主义教育基地中加强爱国主义教育和理想信念的学习。通过学习革命战争时期的各种规章制度，能够让党员干部真切感受到幸福生活的来之不易，感受到革命英雄先烈不畏艰辛、排除万难，对革命必将取得胜利、国家必将走向富强、人民必将走向幸福的信心与渴望，提高党员干部的思想道德修养。组织党员干部观看具有教育意义的精神文化宣传歌剧、戏剧等影视作品，能够让党员干部身临其境地感受到革命先辈们干事创业的艰难，从而让党员干部更加珍惜当下生活的来之不易。

因此，充分利用红色文化的多种表现形式，灵活掌握并因地制宜地予以使用，把红色文化融入基层党建工作的各个环节，能够增强红色文化的感染力、影响力和引领力，从而增强党员干部对基层党建工作的决心、信心。

4. 红色文化有助于解决各种基层党建困境

社会主义自诞生以来就展现出了其巨大的优越性，但同时，也遭受到了帝国主义、资本主义的敌视。当前，斗争从经济制约、外交制约等演变为文化抑制，试图从思想上瓦解群众对社会主义的认同感，基层党建工作正在面临着四个考验、四种危险，即执政考验、改革开放考验、市场经济考验、外部环境考验，精神懈怠的危险、能力不足的危险、脱离群众的危险、消极腐败的危险。基层党建工作要从容应对四种考验，解决四种危险，就必须有破冰利器，而这个破冰利器，正是红色文化。红色文化有助于提高党员干部的思想自觉和行动自觉，有助于坚定党员干部的理想信念，从而在面对复杂的社会问题时不忘初心、牢记使命，推动基层党建工作更上新台阶。

三、当前基层党建工作存在的问题

党的十八大以来，党中央不断加强党建工作力度，将党的建设向纵深方向发展推进。基层党组织作为党的根须，基层党建质量对党的健康发展具有至关重要的影响作用。反思当下国内基层党组织建设，形势不容乐观，依然存在着诸多问题，这些问题如果得不到解决，全面从严治党就只会是一纸空谈。

1. 思想建设退化

改革开放带来了经济的迅速腾飞，一些基层党员干部思想方面出现了波动，陶醉于享乐、安逸的环境中，丧失了马克思主义信仰，迷失在先富的状态中，遗忘了带领群众致富的责任和使命，对建设社会主义现代化国家失去了信心和热情；一些党员干部出现了官本位思想、特权思想，为民服务宗旨淡薄，以权谋私、吃拿卡要，忽略了群众的现实利益需求，忘记了人民公仆身份；一些党员干部毫无纪律法制观念，干部当成了村霸，危害乡里，群众苦不堪言。

2. 组织建设虚化

要发挥基层党组织的战斗堡垒作用，就必须建设一支高素质党员队伍，并有高水平党组织组织党员干部参加组织活动，不断提升党组织整体质量。但具体到实践中，一些基层党组织把目光更多地对准业务工作，本末倒置，忽视了党组织建设，组织建设流于形式，党组织应有作用发挥不利。基层党组织建设虚化主要表现在以下几个方面：其一，党员队伍建设滞后。部分党组织发展党员不按党章规定的程序发展，优亲厚友、近亲繁殖，把党员发展作自己笼络人情、以权谋私、权钱交易的工具。其二，党组织建设滞后。部分基层党组织多年未进行换届选举，或换届选举公开透明度不高，有的甚至剥夺选民选举权，有的则是换届选举拉票贿选、请客送礼，党组织建设沦为权力争夺的工具。其三，组织生活制度落实不到位。组织生活制度是保证组织先进性、纯洁性、团结性的制度基础，但在一些基层党组织中，组织生活制度却一直未能落到实处，“三会一课”召开不及时，民主生活会作用发挥不力等问题普遍存在，组织生活质量不高。

3. 作风建设弱化

党的作风建设是关乎到人心向背的重要党建内容之一。创建一支作风优良的党员干部队伍，是社会主义现代化建设能够取得成功的关键。“八项规定”精神实施以来，各地基层党组织根据八项规定精神制定了相应的实施细则，但从当前基层党组织作风建设现状来看，八项规定精神落实不力、作风建设弱化等问题依然存在，“四风”问题屡禁不止，甚至出现隐形变异，官僚主义、特权主义一定形式存在。生活中频现的“丁义珍式”低矮服务窗口，其实也是官僚主义在作祟，党员干部缺乏站在群众的立场看问题的能力。

4. 制度建设缺失

制度是行为的保障，制度约束着行为的发展方向。如果基层党组织没有了制度，也就失去了组织的凝聚力和向心力。基层党组织主要按照上级党组织的安排指示来行动，从而忽略了制度建设的主动性。当前基层党组织制度建设缺失问题表现在以下两个方面：其一，党的既定制度执行不到位。为保持党的先进性，实现权力在民主下集中，集中下民主，但从基层党组织制度建设现状来看，部分基层党组织的民主集中制执行还不够到位，或多或少存在“一言堂”现象。其二，党的延伸制度制定不及时。党的部分规章制度的制定，需要党的基层支部在此基础之上结合具体实际制定相应的实施细则，如“八项规定精神”的落实，需要各基层支部根据具体实际制定实施细则，确保“八项规定精神”落到实处，但从具体实践来看，村级党支部极少有制定实施细则并予以实施的情况。

5. 党风廉政建设形式化

党的十八大以来，全面从严治党向纵深推广开来。党风廉政建设是今后一段时期内党建工作的重中之重。但从党风廉政建设的现状来看，形势不容乐观，党风廉政建设的压力传导层层递减，依然存在上热中温下冷的现象。中央纪委监察部网站的数据显示，党的十八大以来，全国共处分乡科级及以下党员、干部114万多人，处分农村党员、干部55万多人。由此可见，基层党风廉政建设工作充满了严峻性。

四、用红色文化助力基层党建

基层党组织要注重红色文化对基层党建的能动作用，紧密联系实际，突出地方文化特色，深挖红色资源，用红色文化全面加强党的思想建设、组织建设、作风建设、制度建设与党风廉政建设，切实打通全面从严治党的“最后一公里”。

1. 用红色文化助力思想建设，保持党员先进性、纯洁性

做好党的思想建设工作，是保持党生机和活力的生命线，一旦思想阵地失守，党员干部就会受到不良思想、扭曲价值观的侵蚀，从而失去党员应有的先进性和纯洁性。基层党组织党建工作需要重拾红色文化资源，依托红色资源对基层党员干部开展思想教育，用革命先烈事迹、红色文化作品纠正扭曲的价值观与世界观，坚定对共产主义的理想信念。用红色文化助力思想建设的方式多种多样，基层党组织可以根据现实需要选择合理方式、合理内容开展。

2. 用红色文化助力组织建设，发挥党组织战斗堡垒作用

基层党组织是基层党员干部发挥党员先锋模范带头作用的主阵地。只有有了高质量的基层党组织，基层党员干部的党性才能得到不断锤炼，党组织的战斗堡垒作用才能得以巩固。纵观中国共产党的诞生与发展历史，组织建设的重要性无时无刻不在凸显着重要作用。“少数服从多数，个人服从组织”，这是中国共产党自成立以来不断坚守的优秀组织原则。正是这种民主原则，确保了我党在任何形式下都能够做出科学决策，防止少数

人的错误思潮影响中国共产党的持续健康发展。用红色文化助力组织建设，可以从党员发展和组织建设两方面来做。首先在党员发展方面，可以利用革命前辈舍弃小我、成全大我的大无畏精神，来引导解决党员发展中的优亲厚友、近亲繁殖问题；其次在组织建设方面，可以借助红色文化影视作品中的鲜活民主生活会片段，捅破基层党员干部民主生活会上红脸出汗的窗户纸。

3. 用红色文化助力作风建设，提高党组织亲和力、号召力

党的作风建设，是密切党员干部同人民群众血肉联系的主要抓手。一直以来，党的作风建设都是党建工作的重点。从“不拿群众一针一线”到“大生产运动”，无一不体现了中国共产党的自我约束力。党的十八大以来，以出台“八项规定”为起点，开始了一场全党范围内的作风建设工作，三严三实、群众路线，这些都是近年来党在作风建设方面做出不懈努力的标识。当下，基层党组织党建工作也必须紧抓作风建设这个关键点，运用红色文化持续推动作风建设，提高基层党组织的亲和力和号召力。

4. 用红色文化助力制度建设，提升党组织凝聚力、执行力

红色文化中的制度文化资源，是革命战争时期中国共产党对过往历史经验教训总结得出的制度、规则。这些制度、规则在特定历史时期内指导了全体党员的行为举止，推动了中国革命的不断发展，保证了革命事业的胜利果实。“不拿群众一针一线”是我党的优良传统，其蕴含的“上行下效、令行禁止”的制度要求也成为红色文化的关键字眼。新时期的基层党建工作，也应紧盯制度建设。具体来讲，要紧盯制度的贯彻落实，对已有的各项规章制度，基层党支部要严格落实，对需要延伸建立的规章制度、政策细则，应紧密联系实际，及时建立，并付诸行动，形成时效，真正建设一支具有较强凝聚力、执行力的基层党组织。

5. 用红色文化助力党风廉政建设，营造风气正的干事创业环境

中国革命的发展史，其实就是一部成熟的党风廉政建设教材，凡是在中国革命道路上投机倒把的，都能够作为党风廉政建设的反面教材来批

判，而凡是在中国革命发展中做出突出贡献的，也都能够被用来做正面教材来表扬。如视死如归的董存瑞、乐于助人的雷锋、不畏牺牲的狼牙山五壮士等，这些红色文化资源，都能够给当下基层党员干部上一节生动的、鲜活的党风廉政教育课程，让当下党员干部认识到“江山”的来之不易，从而更加珍惜当下美好、幸福的生活。具体来讲，基层党组织要利用红色文化加强党风廉政建设，一是要加强廉政文化建设，用红色文化构建清廉、正直的廉政文化体系；二是要提升党员拒腐防变能力，用红色文化熏陶党员思想认识，提高党员干部自觉抵御风险的能力；[5] 三是建立党风廉政监督机制，坚持红色文化中的群众路线，充分发挥群众监督、社会监督的作用，真正做到“把权力关进制度笼子”。

五、总结

综上所述，红色文化与基层党建有着天然的紧密联系，红色文化应该为基层党建工作增添助力。基层党组织要充分认识到红色文化对基层党建的重要性，从实际出发，深入挖掘地方红色文化。同时积极引入外部红色文化，走出去感受红色文化，自觉、主动接受红色文化的熏陶和洗礼，汲取红色文化中的养分，磨炼党员干部的意志，坚定党员干部的信念，端正党员干部的态度。在面对复杂多变的国际形势下，在全面从严治党高压态势下，要想始终保持基层党建工作不走偏路，基层党组织就必须重视历史沉淀下来的厚重的红色文化财富，学会运用红色文化推动基层党建，打通全面从严治党的“最后一公里”。

参考文献

[1] 习近平．十九大报告单行本［M］．北京：人民出版社，2017：12.

[2] 涂志明，吴艳．红色文化与中国软实力：逻辑关联、当代价值与

对外传播［J］. 喀什大学学报，2018（4）：6-11.

［3］胡耀武. 追根溯源：打造强军文化［J］. 文化软实力，2018（3）：69-75.

［4］蒋平. 依托红色文化加强和改进基层党建工作：以百色起义红色文化为例［J］. 理论导刊，2016（10）：57-60.

［5］张建军. 试论党员干部学习党史的重要性［J］. 改革与开放，2012（18）：53.

依托地方红色文化资源助推乡风文明建设探微——以粤北为例

杨红英

导　语　以地方革命历史与红色文化作为基础，进行乡村文化建设，是振兴乡村文化、重塑乡风乡情的重要途径。粤北地区因其厚重的历史传承与革命历程而有着丰富的红色文化资源，蕴含了宝贵的红色基因。传承红色文化营造文明乡风，是一个全方位的、系统性的工程，需要汇聚政府、社会、学校、家庭、村民自身等多方的力量：第一，强化政府层面的载体支撑作用；第二，使红色精神成为社会风气与舆论的方向标；第三，通过学校教育使红色文化成为学生群体的思想指引；第四，发挥家庭层面的熏陶和影响作用。

党的十九大做出了实施乡村振兴战略的重大决策部署，为中国乡村发展指明了方向。这份战略从“产业兴旺、生态宜居、乡风文明、治理有效、生活富裕”五个方面对乡村振兴做出了总体要求。[1]其中，重塑乡风乡情、建设文明乡风是乡村建设的精神基础。而在这其中起到指引作用的就是地方红色文化，以红色文化作为精神文明建设的基础。为推动乡村文化振兴，重构乡村社会秩序，着力培育文明乡风，必须最大限度地挖掘、利用、打造好具有地域特色的红色文化资源，努力传承宝贵的红色基因，使之融入现实生活，让党的光荣传统和革命精神真正变成支撑乡村振兴的宝贵精神财富。

一、粤北红色文化为乡风文明建设提供核心引领力

红色文化发展于中国共产党的革命历程中，随着党组织带领全国人民一步一步迈向革命胜利，红色文化逐渐在各地生根发芽并且茁壮成长起来。因此红色文化在中国具有分布广泛、覆盖面广、内容丰富多彩、价值导向鲜明等特点，并且根据地方民俗与民风形成了含有地方民族特色的文化资源。粤北地区作为中国革命历程的重要一环，多次见证了中国革命的发展。在革命初期，粤北就是重要的革命根据地，同时这里也是红军长征之路的重要组成部分。粤北见证了中国红军与中国共产党的成长，这一项项一件件都在漫长的时光中成为红色文化的一部分，并且与当地人民紧密相关，从而使该地区的人文精神与红色文化的融合显现出了极大的优势。

粤北长期的革命斗争历史，使得红色文化与本地区的乡风文明建设表现出极高的统一性。首先，粤北地区的历史中有很长一段时间是红军驻扎的历史，在这一过程中，中国共产党的科学思想与革命传统逐渐深入本地居民的心中。这些革命传统与思想理念是现在乡风精神文明建设的核心与重要的参考对象。其次，乡风精神文明建设作为新时代文化发展的关键，也在不断地完善红色文化的内容，从而使红色文化得以适应新的历史时期。

红色基因可以坚定人们的理想信仰，培育新时代农民，对乡风文明建设起着不可替代的引领和催化作用。红色文化作为当前中国社会精神文明的一部分，其中所含有的革命信念、核心价值观念与思想道德对当前社会具有非常重要的价值。以红色文化为引领，可以更好地促进新时代乡风文明建设，丰富乡村精神生活，提升群众的精神道德品质。在建设乡村精神文明的过程中，首先应该深入了解地方红色文化的历史渊源，探讨红色文化与当前乡村文明的交接点，从而使两者可以更好地融合到一起，在完善乡村精神生活的同时，为群众指明未来的发展方向，使群众意识到红色文

化在乡村文明建设中的先进性与优越性，增强广大群众的民族自豪感、文化自信与自觉，激发广大群众心怀理想、艰苦奋斗、开拓进取、与时俱进的干事创业精神。红色文化融入乡村精神文明建设，有利于加强爱国主义和集体主义教育，促进广大群众形成团结友爱、互帮互促的新型社会关系，实现共同富裕；有利于引导广大群众摒弃落后观念、崇尚科学、弘扬正气、提高公民道德、增强社会责任意识，进而更加主动地参与中国特色社会主义乡村振兴建设当中，在这个过程中反哺红色文化，使红色文化的内容更丰富、形式更多样，从而实现推动红色文化创新性发展、助推乡风文明建设等目标。

二、活化利用地方红色文化资源，推动乡村文化振兴

韶关有着丰富的红色文化资源，孙中山先生曾两次亲临韶关督师北伐；1932 年，由毛泽东亲自上前线指挥，朱德、彭德怀等开国元帅以及大批开国将军参加的南雄水口战役，被载入了辉煌的《中国工农红军史略》；红军长征途经韶关 21 天，其间经历血战铜鼓岭、奇袭城口两次战斗，留下了很多英勇善战的革命事迹，以及红军与老百姓结成的鱼水之情；抗日战争时，中共广东省委、八路军驻广州办事处迁到韶关，广州的大、中学也迁到韶关、乐昌、翁源等粤北地区。韶关成了全省政治、军事、经济、文化的中心，很多文人墨客、先进刊物也落户韶关，因此留下了非常丰富的红色文化资源。张文彬、廖承志、李大林等为代表的中国共产党人领导粤北人民谱写了光辉的历史篇章。毛泽东、朱德、陈毅等不少开国元勋以及老革命前辈都曾经在粤北驻足、生活、抗战。韶关人民为革命的胜利做出了重要的贡献，在革命烽火年代，写下了辉煌的篇章。

文化是否振兴与发展，将会直接影响到乡村地区的发展。挖掘、利用好红色文化资源，是弘扬社会主义核心价值观、建设文明乡风、推动乡村

文化振兴的重要路径。一方面，地方政府要做好革命遗址遗存的挖掘、保护工作，以各种实际举措纪念革命英烈；提出具体的红色文化遗产保护及管理方案，完成红色文化资源的整理、研究及文艺创作出版等工作，在铭记历史中汲取砥砺前进的强大精神力量。另一方面，要努力激活乡村红色资源，打造省际联动、资源共享的高品质红色文化产业。

红色文化孕育于中国人民追求国家独立、民族解放、革命胜利的历程当中，在长期的战斗、劳动、生产实践中形成。它代表着中国共产党领导中国人民进行顽强斗争的辉煌历程，也反映出中国人民艰苦奋斗、爱国爱民的心路历程。如何发挥红色文化的育人功能，将红色文化的精神内涵转化为当前社会精神文化需求，将是决定乡村文化发展方向的重点。[2]要通过丰富教育内容，创新载体形式，为革命传统教育注入新的时代内涵，切实加强农村文化及农民高尚道德情操的教育引导和培育工作；深入实施乡村道德建设工程，在传统美德的基础上，培养具备创新意识和致富本领的新一代农民，促使他们转变为落实乡村振兴战略的建设主体。

各地在实施乡村文化振兴战略中应注重将红色文化精神与社会主义核心价值观传播紧密结合，充分利用重要红色文化资源，推出彰显社会主义核心价值观的陈列展览，开发具有鲜明教育价值的红色文化景区、红色文化旅游资源，收集整理地方革命故事与文物进行展示、展出，发动地方党员与干部开展“讲故事、谈感受”红色文化宣讲活动、群众红色经典读书活动，依托丰富的红色文化资源建立爱国主义教育基地。总的来说，要在深入了解和研究地方红色文化的前提下，将红色文化与人民群众的精神文化生活需求以及社会主义核心价值观进行结合，使红色文化能够真正传承下去并起到社会文化风向标的作用；将弘扬革命传统、传承红色基因作为培育和践行社会主义核心价值观的主题，深化村民理想信念、爱国主义和革命传统教育，增强群众对社会主义核心价值观的理解度和认同度。

三、传承粤北红色基因，助推乡风文明建设

红色基因承载着优秀的精神内涵，它流淌于每一位革命战士与优秀共产党员的心中，是传承共产党人宝贵精神财富的重要载体。[3]红色文化作为当代中国社会主流意识形态的重要组成部分，其中所含有的革命信念、核心价值观与思想道德，对新时代乡村精神文明建设具有非常重要的价值。红色峥嵘岁月留下的长征精神等优秀革命传统以及革命先烈的英雄事迹，是粤北这片红色热土永恒的精神财富。粤北红色基因承载了乡村主流价值观形态，包含了丰富的教育内涵。

第一，树立崇高理想，坚定革命信念。我们始终坚定理想信念，不论是个人还是国家或者民族，如果没有坚定的信念，不论多么强大也只是无根之木；如果没有坚定的信念，就会在漫长的发展过程当中逐渐失去前进的方向与奋斗的动力，从而成为一具浑浑噩噩的躯壳。正是基于对共产主义和中国革命胜利的坚定信念，以毛泽东为代表的中国共产党人领导着粤北人民谱写了光辉的历史篇章。众多开国元勋以及革命者都曾经在粤北生活、劳动、战斗过，他们不是为了个人的名利，而是为了推翻压在中国人民身上的三座大山，实现国家富强民族独立的愿望而战斗。[4]

第二，依靠群众、为了群众。我们要充分认识到人民群众的伟大力量。在新民主主义革命初期，粤北地区出现了大量的革命组织与团队，为了保护新生的革命力量付出了巨大的牺牲。在革命历程中，不论是推翻军阀的北伐战争还是长征，粤北人民都在全力支持革命事业，当红军在前线与国民党战斗的同时，他们也在后方努力地生产以支援前线。在这个过程中红军与当地民众打成一片，红军以行动证明了自己是一支为人民而战的军队。在向当地民众购买各种补给时，红军会支付对等的费用；组织生产帮助当地民众脱贫、脱困，打土豪、分田地，使贫困民众得到生产工具与资源；在各个地点进行革命宣传，向当地民众宣传共产党与红军的战斗目

标以及政治观念。正是凭借着这些行为，红军成功地在粤北地区以及当地人民的心中扎下了根。

第三，发扬艰苦奋斗的精神。在土地革命战争开始后，粤北地区的党组织与民兵一边抵抗着反动势力的压迫与进攻，一边努力发展生产，建立组织，使革命的火种播撒到了粤北各地，并且多次在多个地区进行英勇的战斗，如安岗华阳寨保卫战、石塘双峰寨保卫战（史称“仁化暴动”）等，来保护革命果实以及革命根据地，使国民党军队及其政权在粤北地区寸步难行。在艰苦的环境下，当地人民群众与党组织都遭受到极大的考验与锻炼。

第四，坚持实事求是、勇闯新路的精神。20 世纪 20 年代后期至 30 年代初期，中国革命正处于低潮时期，但是以毛泽东为代表的中国共产党人，在艰苦的井冈山斗争实践中，以勇闯新路的大无畏气概，经过艰难的摸索和创新，从实践和理论两方面正确回答了“中国革命向何处去”这一根本问题，开辟了符合中国国情的、具有中国特色的以农村包围城市，武装夺取政权的中国革命新道路。这是一条正确的道路，同时也是一条艰苦的道路。这条道路的成功是中国共产党坚持实事求是的思想路线，创造性地将马克思主义基本原理与中国具体实际相结合的成果。仁化县作为革命根据地的重要组成部分，在国民党军队的进攻下，不死拼硬打，依托当地环境进行战斗，坚持游击战略，从而使国民党军的“清剿”意图被挫败。这也是我们党勇闯新路的一次重大的历史性的行动，是中国革命的胜利之源。

第五，勇于牺牲自我、成就全局的勇气。在长征以及接下来的革命历程当中，多次战役中都出现了部队自愿留下来断后或拖延敌军最终全部牺牲的事迹，他们的牺牲确保了红军主力的存续，从而为后来的革命战斗保留了战斗力与火种。如仁化城口一战中，红军以牺牲 140 余名红军将士的代价突破了国民党军精心设置的第二道封锁线，成功偷袭城口，给红军主力军团在城口短时间休息创造了条件，掩护了红军主力军团顺利过境，为红军北上保存了大量的实力。[5]

粤北地区富有深厚的乡土文化底蕴和红色基因，积极传承红色文化营造文明乡风，是一个全方位的、系统性的工程，需要汇聚政府、社会、学校、家庭、村民自身等多方的力量，发挥各层面的综合作用。

第一，加强地方政府的支持与承载功能。在对红色文化进行传播与研究的过程中，地方政府是执行的主力，将红色文化落实为旅游资源并且以此为轴心带动乡村旅游与经济发展，地方政府也是主要的执行力量；地方政府应当在研究推广红色文化的过程中建立与完善党组织以及乡村基层，从而使红色文化的传承能够通过各级党组织顺利地完成。开展村党组织阵地规范化建设，优化乡风文明建设的主体结构：将乡村青年红色基因传承工作纳入青年发展规划中，提升红色基因的传承效果；加大对新时代乡贤的选拔、培育力度，让乡风文明充分彰显出来。

第二，提升社会各层面的舆论影响力。改善媒体的社会风气与加强认知导向能力，从而建立与塑造一个适于红色文化传承与发展的舆论环境；与时代特点深度融合，塑造优质的红色文化网络传播环境，深入挖掘红色文化蕴含的革命精神、崇高理想和价值追求，引导农民道德建设，改善农民精神风貌，激发乡风文明建设的内在动力。开展形式多样的红色文化主题活动，以革命传统教育推动农民素质与乡村文化建设不断跃上新的台阶。深入开展乡村新时代文明实践活动，加大红色典型选树力度，筑牢乡风文明建设的人文支撑。

第三，加深校园红色文化的教育力度与深度，使红色文化与现代教育教学工作相结合并且成为教育工作的指引。将红色基因引入校园文化建设，增强红色节日文化活动的仪式感；发扬校园内各级党团组织的领头作用，通过多种多样的活动丰富学生的精神生活，使红色文化真正成为学生群体的思想指引。

第四，提升家庭教育的重要性与影响力。父母在教育的过程中应当以革命先烈的精神作为教育的指引以及方针，通过讲述各种革命事迹使子女后代受到感染，提升子女对于革命事业与红色文化的认同感，以红色文化以及革命先烈的思想作为自身发展的标杆。

参考文献

[1] 习近平．决胜全面建成小康社会 夺取新时代中国特色社会主义伟大胜利——在中国共产党第十九次全国代表大会上的报告［N］．人民日报，2017－10－18（1）．

[2] 宋小霞，王婷婷．文化振兴是乡村振兴的“根”与“魂”：乡村文化振兴的重要性分析及现状和对策研究［J］．山东社会科学，2019(4)：176－181.

[3] 郭宗标．让红色基因成为乡村振兴前行力量［J］．唯实，2019(12)：81－82.

[4] 韶关市申苏申老区办公室．韶关革命历史文献资料汇编：1922—1949［M］．广州：花城出版社，2016：306－341.

[5] 王新生．中央红军长征顺利通过粤北原因再析［J］．广东党史与文献研究，2019（5）：5－11.

试论发挥粤北红色文化政治教育功能的意义、方法与路径

周东阳

导　语　粤北地区红色文化资源丰富，中国共产党和党领导下的人民军队在不同时期都留下了历史的印迹，如红色革命遗址、历史文物、历史文献。作为革命重地，粤北革命活动和革命人物呈现出多样化的特点。现阶段粤北红色文化的开发与利用取得较为显著的成果，但也存在一定的不足之处。发挥粤北红色文化政治教育功能的意义重大，在方法上要注重对物质领域的开发与利用、对红色文化精神的挖掘与提炼，同时要积极探索发挥粤北红色文化政治教育功能的有效路径。

一、粤北红色文化开发与利用的现状

（一）粤北红色文化概况

粤北地区红色文化资源丰富，中国共产党和党领导下的人民军队在不同时期都留下了历史的印迹，见证了历史的沧桑巨变。作为革命重地，粤北地区的革命活动和革命人物呈现出多样化的特点。其中，著名的有南昌起义军余部转战粤北战斗史、以仁化石塘镇石塘村双峰寨为代表的粤北农民暴动史、红军长征粤北革命活动史、赣粤边三年游击战争史、中共广东

省委机关粤北抗日救亡史等。[1]在新民主主义革命时期，毛泽东、周恩来、朱德、邓小平、陈毅、彭德怀等众多党和国家领导人在此活动，领导革命活动和军事战斗。韶关市是粤北地区区域中心城市，红色文化底蕴尤为深厚。2018 年，据《韶关市红色革命遗址普查报告》相关数据统计，“韶关市现有红色遗址 287 处，其中重要事件发生地 93 处、机构旧址 82 处、纪念性建筑 42 处、战斗遗址 23 处、名人故居 14 处、烈士墓地 21 处。经认定命名的红军遗址（旧址）文物保护单位 37 个。红军历史文物 1 120 余件，红军历史文献 50 多万字”[2]。

（二）现阶段粤北红色文化开发与利用

党中央和国务院高度重视红色文化的保护、开发和利用，中共中央办公厅、国务院办公厅在 2018 年印发了《关于实施革命文物保护利用工程（2018—2022 年）的意见》，从重要意义、总体要求、主要任务、重点项目、实施保障等五个方面对新时代革命文物保护利用提出了指导性意见。[3]

广东省先后出台《广东省红色革命遗址保护利用行动实施方案》《关于建立红色革命遗址经费保障机制的实施意见》《广东省红色旅游发展实施方案（2018—2021 年）》《广东省促进全域旅游发展实施方案》等政策性文件[4]，制定了《广东省红色革命资源保护利用三年提升行动计划（2019—2021）》《粤北地区文物保护利用行动计划（2018—2020 年）》[5]等行动计划，指导全省红色文化资源的开发与保护。

韶关市在政策领域出台了《2018—2020 年韶关红色遗址保护工作规划方案（征求意见稿）》《韶关红色革命遗址保护利用行动实施方案（2018—2022 年）》，规划红色遗址保护和利用。2018 年，韶关市为了打造红色旅游品牌，推出 10 条红色旅游精品线路[6]，有效整合了区域红色文化资源，取得了较大社会反响。2021 年 3 月，韶关市举办了“善美韶关 · 红色之旅”自驾游定向赛活动，吸引了省内外 3 000 多名人员参加[7]。据 2021 年统计，韶关市6处革命遗址遗迹入选广东省文物保护单位革命文物名录，1处革命遗址遗迹（韶关市双峰寨）入选全国重点文物保护单位革命文物名录[8]。韶关市近年重点打造了红色教育基地——广东南岭干部学院、仁化县城口镇“红军长征粤北纪念馆”，大力推进华南教育历史研学基地建设，发挥红色文化资源的政治教育功能和社会经济效应。

现阶段粤北红色文化的开发与利用取得较为显著的成果，制定了相关政策，编撰了《韶关市红色革命遗址名录》，开发了红色旅游的项目，保护性发掘和建设了一批红色遗址、博物馆等，创作了红色文艺作品，出版了专题历史研究的论著，吸引了省内外党政机关、企事业单位和各界群众前来参观、学习和培训，有力推动了粤北红色文化的传承和传播。但其影响力和知名度还有待提升，粤北红色文化的整体性规模效益没有得到充分展现。比如广东省在2021年为了庆祝建党百年而推出的十条红色旅游精品线路项目中，明确提及韶关市革命遗址遗迹的只有华南教育历史大村、坪石两个研学基地[9]。另外，对粤北相关革命精神的提炼和宣传的深度和广度有待进一步提升。

二、发挥粤北红色文化政治教育功能的意义

（一）推动区域党史学习教育深入开展

2021年，中国共产党成立100周年。习近平总书记在党史学习教育动员大会上的讲话中指出：“中国革命历史是最好的营养剂，重温这部伟大历史能够受到党的初心使命、性质宗旨、理想信念的生动教育，必须铭记光辉历史、传承红色基因。”[10]全党上下正在全面开展党史学习教育，而学习党的光辉伟大历史并从中汲取智慧力量是其应有之义和核心环节。粤北红色文化资源丰富，载体众多，对其充分有效地利用，使广大党员干部和群众回望粤北红色历史的生动画卷，发挥其政治教育的功能，将有效推

动区域党史学习教育的深入开展。

（二）提升地方特色文化资源的内涵价值

红色革命文化已成为中国特色社会主义文化的重要组成部分。地方的才是特色的，特色的才能深入人心。粤北地区的红色革命文化有着自己的特点，既呈现多面多点、丰富复杂的景象，又体现了中国共产党领导人民军队和革命群众为革命胜利、民族独立、国家富强而开展艰苦卓绝斗争的伟大精神力量。这种精神力量一以贯之，在新时代建设中国特色社会主义现代化强国的征程中，依然为广大党员干部和人民群众提供强大的精神支撑和崇高的理想信念教育。发挥粤北红色文化政治教育功能，将为粤北地区乃至广东省提升地方特色文化资源的内涵价值起到良好的带动作用。

（三）构建政治教育育人平台的有效载体

重视政治教育是中国共产党的优良传统，也是党领导革命取得胜利的重要保障。政治教育功能的实现，离不开育人平台的构建和一定的载体。讲述红色文化、传承红色基因必须实事求是地依托于一个地方的革命人物、革命队伍及其革命事迹。粤北红色文化为政治教育提供了绝佳的资源，使红色文化的传授和育人平台的构建有了坚实的基础。

三、发挥粤北红色文化政治教育功能的方法

（一）物质领域的开发与利用

发挥粤北红色文化政治教育功能，要注重对物质领域的开发与利用。所谓物质领域是指红色文化的载体，比如革命遗址遗迹、博物馆、纪念馆、烈士陵园、纪念碑、革命文物等。对这些红色文化载体的开发与利用，必须建立在科学保护的基础上，做好抢救性发掘，使珍贵的遗产得以

保存。除此之外，政府部门也可向民间征集革命文物，作为完善物质领域的有益补充。同时要完善现有资源的设施建设，融入现代科技，做好活化利用。

（二）精神领域的挖掘与提炼

发挥粤北红色文化政治教育功能，离不开对红色文化精神的挖掘与提炼。所谓精神领域，包含物质领域之外的文化存在和思想意识。党政部门、文史研究机构、高等院校等组织要围绕地方特色，服务地方社会文化发展，全面深入又突出重点，把粤北红色文化的精神进行研究总结，积极开展理想信念教育，发挥地方志的革命史价值，做好红色旅游研学、口述历史、文创产品开发推广，利用现代多媒体和互联网的优势达到广泛传播的目的。

四、发挥粤北红色文化政治教育功能的路径

（一）建立统一的领导与协调机构

习近平总书记指示要做到“把红色资源利用好、把红色传统发扬好、把红色基因传承好”[11]。为了实现这一目标，发挥粤北红色文化政治教育功能，需要建立统一的领导与协调机构，制订统一的政策方案。从近年涉及粤北红色文化的相关发文单位和实施机构看，除了省委省政府、市委市政府外，多为单一部门发文和实施，在具体操作层面缺乏统一的领导和协调机制，因此，应该在党政部门的主导下，建立包括新闻宣传、教育、文化和旅游、交通部门、研究机构、相关协会等机构在内的领导和协调机构，发挥相应的领导、协调和议事功能。粤北地区红色景点多而分散，历史主题多，须统一科学地评估与开发利用。另外，除了党政部门外，建立专门的学术研究协调机构和统一的推介机构，同样有利于粤北红色文化的

深度研究和推广。统一的领导与协调机构要立足于把粤北红色文化保护、开发、利用和推广有效聚合，处理好红色文化政治教育功能与文化产业发展之间的关系。要注重统筹规划，将其纳入区域“十四五”发展规划中，促进社会经济和文化事业共同发展[12]。

（二）充分利用现代多媒体技术和互联网的传播优势

发挥粤北红色文化政治教育功能，必须充分利用现代多媒体技术和互联网的传播优势。当今世界是信息化的世界，信息化的发展依靠现代多媒体技术的进步。现代多媒体技术是综合性的电子信息技术，以计算机为基础，综合处理文本、图形、图像、音频、视频等多媒体信息，呈现数字化、集成性、多样性、交互性、非线性等特点[13]。互联网发展日新月异，能够把沟通的便利性和即时性提高到新的维度。通过运用现代多媒体技术可以使粤北红色文化呈现出更为丰富的多媒体信息，借助互联网传播的优势，将极大地扩大其受众面，提升其影响力。

（三）提升红色旅游品质，融入文化产业发展

发挥粤北红色文化政治教育功能，要注重提升红色旅游品质，融入文化产业发展，促进乡村振兴。要想发挥红色文化的持久影响力，必须把资源与产业相结合，以经济社会进步带动文化的繁荣发展。广东省、韶关市大力推动红色旅游研学建设，推出精品旅游路线，开发文创产品等，都是提升红色旅游品质的有益尝试。红色文化产业的开发要避免庸俗化、娱乐化，做好市场监督，注重产品创新，要将革命理想信念教育融入产业发展。粤北地区，可以学习借鉴其他革命老区成熟的做法，整合资源优势，打造自身的特色品牌，将革命文化、历史文化、民族文化、生态文化融合发展，大力发展特色文化产业[14]。

（四）推动粤北红色文化深入学校、教材与课堂

发挥粤北红色文化政治教育功能，需要推动粤北红色文化深入学校、

教材与课堂。学校是实现政治教育的主阵地，发挥学校主体作用要推动红色文化进教材和课堂。粤北地区高校、职业技术学校、普通中学等都可以开设相关的专业课程或专题学习单元。要做好思政课教师培训，注意设置专题研究培训和实地参观训练，在教师掌握红色革命历史的基础上，用好本地资源带领学生深入了解粤北红色文化。要按照《关于深化新时代学校思想政治理论课改革创新的若干意见》《新时代学校思想政治理论课改革创新实施方案》《广东省学校思想政治理论课建设行动计划（2019—2021年）》等政策要求，加强思政课教师队伍和课程建设，在高校开设精品思政课程，探索大中小学思政课教研一体化建设。值得关注的是韶关学院马克思主义学院于2021年开设了通识选修课程“粤北华南教育历史专题讲座”“粤北红色文化专题讲座”，推动地方特色红色文化走进校园、走近学生。

（五）结合“四史”宣传教育，在全社会推介红色资源

发挥粤北红色文化政治教育功能，要结合“四史”宣传教育，在全社会推介红色资源。2021年5月，中共中央办公厅印发《关于在全社会开展党史、新中国史、改革开放史、社会主义发展史宣传教育的通知》，对在中国共产党成立100周年之际开展“四史”宣传教育做出安排部署[15]。党中央高度重视红色文化资源的开发利用，中国共产党历史展览馆的建设，体现了中国共产党“不忘初心，牢记使命”的辉煌历程和伟大奋斗精神，也对粤北红色文化资源的开发利用指明了方向。学习“四史”，感悟中国共产党创业之艰难和成就之伟大，要把粤北红色文化资源利用好，将其作为“四史”宣传教育的重要载体，使社会各界群众感知中国革命胜利和中国特色社会主义道路的来之不易，为新时代的改革发展提供强大的精神动力。

参考文献

[1] 梅岭书壮志 粤北红火传 [EB/OL]. (2018-11-14) [2021-06-20]. https://news.sina.com.cn/c/2018-11-14/doc-ihmutuea9929460.shtml.

[2] 广东省文化和旅游厅关于广东省十三届人大三次会议第1247号代表建议答复的函 [EB/OL]. (2020-07-27) [2021-06-20]. http://whly.gd.gov.cn/open_newrdjy/content/post_3052821.html.

[3] 中共中央办公厅 国务院办公厅印发《关于实施革命文物保护利用工程（2018—2022年）的意见》（2018年第22号国务院公报）[EB/OL]. (2018-07-29) [2021-06-20]. http://www.gov.cn/gongbao/content/2018/content_5312199.html.

[4] 曾颖如. 激活红色资源，打造广东旅游高地 [EB/OL]. (2018-08-26) [2021-06-20]. http://epaper.southcn.com/nfzz/287/content/2018-08/26/content_183061285.html.

[5] 粤北地区文物保护利用行动计划（2018—2020年）[EB/OL]. (2018-03-21) [2021-06-20]. http://whly.gd.gov.cn/open_newjhgh/content/post_2721060.html.

[6] 韶关市推出10条红色旅游精品线路 [EB/OL]. (2018-03-27) [2021-06-20]. http://whly.gd.gov.cn/special/7/hsjy/content/post_2444535.html.

[7] 红动中国！重走中国革命胜利之路！2021"善美韶关·红色之旅"自驾游定向赛开赛！[EB/OL]. (2021-03-07) [2021-06-20]. http://wgltj.sg.gov.cn/zwgk/sshd/content/post_1945714.html.

[8] 韶关市双峰寨入选全国重点文物保护单位革命文物名录 [EB/OL]. (2021-04-07) [2021-06-20]. http://wgltj.sg.gov.cn/xwzx/xwzx/content/post_1961202.html.

[9] 广东推出十条红色旅游精品线路 [EB/OL]. (2021-04-05) [2021-06-20]. http://news.southcn.com/nfdsb/content/2021-04/05/content_192293292.htm.

［10］习近平．在党史学习教育动员大会上的讲话［EB/OL］．（2021－03－31）［2021－06－20］．http：//www. qstheory. cn/dukan/qs/2021－03/31/c_1127274518. htm.

［11］习近平论强军兴军（2014年）［EB/OL］．（2018－11－16）［2021－06－20］．https：//www. xuexi. cn/lgpage/detail/index. html？id＝3541662492805309255&amp；item_ id＝3541662492805309255.

［12］刘启宇．传承红色基因　打造"红色韶关"［J］．思想政治工作研究，2021（2）：50－51.

［13］韩富有．现代多媒体技术特征与关键技术分析［J］．长春师范学院学报（自然科学版），2010（6）：129－131.

［14］梁熙，赖菲．把红色文化产业做大做强［EB/OL］．（2020－01－08）［2021－06－21］．http：//www. mxrb. cn/news. html？aid＝25721.

［15］中共中央办公厅印发《关于在全社会开展党史、新中国史、改革开放史、社会主义发展史宣传教育的通知》［EB/OL］．（2021－05－25）［2021－06－21］．http：//www. xinhuanet. com/politics/zywj/2021－05/25/c_1127490541. htm.

地方红色教育品牌构建策略研究
——以韶关市为例[①]

黄滟珺

导　语　红色文化是在革命战争年代中形成的追求独立、自由、不屈不挠的革命精神，蕴含着厚重的历史底蕴。作为广东省重要的红色资源聚集地，韶关具有天然的开展红色教育的地域优势，革命战争年代遗留下的1 245处红色革命纪念地、红色标志物，为开展内容丰富、形式各样的红色教育实践活动奠定了坚实基础。韶关市通过地方红色文化元素构建红色教育品牌、以地方红色教育品牌强化城市创新驱动力，依靠红色教育品牌的创新来提升地方红色教育的吸引力，推动韶关社会经济的发展。梳理和总结韶关市在红色教育品牌的定位、推广和创新方面的经验做法，可为进一步研究构建地方特色文化品牌提供参考和借鉴。

一、引言

韶关市地处广东北部，在革命战争年代是粤赣湘边游击区的主要战地。从1924年大革命时期至1949年解放战争结束，韶关人民在中国共产

① 基金资助：广东省2021年度教育科学规划课题（高等教育专项）“抗战时期岭南大学‘红灰精神’的历史意义及其当代价值研究”（项目编号：2021GXJK021）的阶段性成果、2022年度韶关市哲学社会科学规划课题“红色文化融入高校理想信念教育的实施路径研究”（项目编号：G2022016）。

党的领导下坚持不懈地参加和支持革命武装斗争，开展武装斗争的范围遍及全市大部分地域，涉及的革命先辈英雄人物、高级将领以及在长期的革命斗争中牺牲的革命烈士不计其数。

中华人民共和国成立后，特别是改革开放以来，韶关传承革命老区的优良传统，以习近平新时代中国特色社会主义思想为行动指南，紧紧抓住原“中央苏区县”的地域特点，高度重视红色革命历史的深度挖掘，大力推进革命旧址的保护、开发和利用，逐渐形成独具地方特色的以传承红色基因、弘扬革命精神为内容的红色旅游产业。

近年来，全国各地人民群众到韶关旅游和参加红色教育培训的人数不断增多，韶关红色教育的影响力不断增强。为了更好地发挥红色资源优势，韶关市高度重视红色教育的作用，积极主动地整合红色文化资源，致力于构建具有韶关本地特色的红色文化教育品牌。

二、构建韶关地方红色教育品牌策略

（一）以地方红色文化元素构建红色教育品牌

地方红色文化元素是红色教育品牌工程的重要基石。韶关市立足于粤北红色革命老区地缘优势，在红色文化资源的挖掘、整合以及活化利用方面不断努力，在红色旅游、红色教育、红色研学的品牌构建方面不断推出成果，为传承红色文化基因，弘扬红色革命精神，打造“红色韶关”文化品牌提供了有力支撑。

1. 挖掘红色“富矿”，擦亮红色文化“品牌”

韶关是广东省红色资源最为丰富的地区之一。“现存有 50 多万字的红军历史文献、1 120 件红军历史文物，为传承发展红色文化提供了实物和史料支撑。据新一轮广东省红色革命遗址大普查统计，韶关市革命遗址共 1 200 余处。其中，被广东省初步认定为省级红色革命遗址共 502 处，排名居全省前三。”[1]在保护红色革命遗址、遗迹、遗物的基础上，韶关市注重将历史文化元素与地方特色文化元素相结合，将本地韶关文化、客家文化与全国红色文化相融合，形成独具特色和富有当代价值的韶关红色文化品牌。

2. 找准红色教育“定位”，创新红色教育“品牌”

推进地方红色教育品牌化建设，有利于提升党员领导干部勇于创新、艰苦奋斗、玉汝于成的精神境界和设身处地感受中国共产党艰苦奋斗的革命精神和坚定的马克思主义信仰；有利于培育大学生树立正确的世界观、人生观和价值观，把个人的人生目标和民族的前途命运联系起来；有利于在全社会营造了解红色文化、感悟红色经典、接受红色革命熏陶的浓厚氛围。韶关高度重视对红色历史文化和红色精神的传承及其当代价值的研究。[2]找准红色教育“定位”，明确红色教育的主体对象，从红色文化教育活动的不同属性、不同利益趋向、不同价值来构建韶关红色文化教育品牌，如韶关红色研学品牌、韶关红色党建品牌、韶关红色志愿服务品牌、青少年红色文化教育基地品牌等。

3. 深化红色品牌“内涵”，拓展红色宣教“外延”

地方红色教育品牌化建设，不仅要深挖品牌“内涵”，不断丰富教育内容、教育路径和教育活动类型，还要不断加强宣传教育。具体而言，要对红色资源中的“人、物、事、魂”进行深入研究和阐释，为品牌的“外延”提供活水源泉；要注重将文化建设融入市委工作大局，为品牌的打造和可持续发展提供保障；要注重深化拓展宣教方式，加强红色品牌的宣传，推进大中小学校的党建与思想政治教育；要注重实践教育的开展和红色基因的传承。韶关市大力推动红色教育基地的建设，将主题教育的成果转化为报国情、强国志、为民心的自觉行动。

（二）以地方红色教育品牌强化城市创新驱动力

红色资源是红色文化与红色精神的载体，是红色教育的源泉。[3]韶关市致力于发挥丰富的红色资源优势，重视将各种红色文化载体作为与人民群众情感互动的桥梁作用，以达到实现红色教育高地的目标。

1. 提升地方红色教育载体，加强人民情感互动

韶关市统一思想，整合资源，加大投入力度，打造了一批高标准的红色教育重要培训基地，如“北伐战争纪念馆”“中共广东省委、中共粤北省委机关旧址”“中共五岭地委扩大会议旧址”“水口战役遗址”“红七军革命烈士纪念园”“始兴县沈所红围”“中共广东省委旧址”“石塘双峰寨”“犁市当铺”“梅岭梅关古道”“华南教育历史研学基地”“广东南岭干部学院”等，力争将本市的红色教育基地建设成为具有地方特色的“红色旅游研学目的地”和“党史军史爱国主义教育基地”。这些红色教育基地作为传承红色精神的重要载体，不仅能重现韶关革命时期的红色历史和革命精神，树立红色城市印象，同时也能提醒韶关人民群众，不忘艰难困苦的日子，牢记幸福美好的日子来之不易。进一步激励人们继承和发扬优良传统，磨炼不怕苦不怕累的坚定意志。正是这种深厚的情感纽带、坚定的文化自信，推动着地方人民群众不断地创新和完善自己，不断地弘扬红色文化精神，创造更好的生活。如今依然是鼓舞和激励韶关人民继续奋斗的强大推动力。

2. 融合新媒体一体化展示，增强地方人民群众的体验感

运用新媒体资源和手段，为韶关红色教育建设营造多元化的展示空间，打造视觉、听觉、触觉多感官深体验的一体化展示区域。进一步增强本地和外地人民群众的参与性，让人民群众可以切身实地地感受到红色教育的力量，在体验中获得更为生动的教育。此外，注重把握韶关本地历史大事件的重要意义，让红色教育进书本、进课堂、进社区，让党史和中国发展的历史更深入民心，让韶关红色文化教育的宣教工作得到更为专业化、系统化和现代化的发展。具体而言，要充分发挥新媒体文化传播的载体作用。微信公众号的推荐、短视频传播、微博宣传等，为课堂教育、宣传讲说以及教育实践活动等传统方式增添新鲜元素，在进行红色文化传播

与教育的方式上再辟新路，再创新高；要积极占领意识形态阵地，弘扬红色文化主旋律，消除红色文化传播途中的“反红色文化”现象，纠正“红色文化过时”论；要创新红色文化教育方式和渠道，使红色文化和红色精神得到更有效的传承，提高红色文化教育品牌的影响力；要拓宽红色文化的传播路径，建立革命遗址旧物的图片、实物、场景和视频等历史资料的展览、宣传栏或建立以历史事件、具体战役为名称的陈列馆，如“水口战役陈列馆”等。

红色文化教育要进一步重视历史可视化研究，不仅是增强红色教育的体验感，更重要的是通过可视化还原历史场景，让参观者身临其境、感同身受，从而增强对历史的敬畏、对革命精神的敬仰、对革命英雄的敬重，进而达到通过红色教育提升“制度自信、道路自信”的作用。

3. 贯彻“一核一带一区”发展战略，扩大地方红色教育影响力

根据广东省“一核一带一区”发展战略，韶关为粤北生态保护区。韶关红色资源丰富，为实现生态保护与社会经济同步发展的目标，韶关注重发挥红色资源地域优势，将红色资源转化为旅游资源以实现绿色发展，并把这项工程作为韶关事业发展的重点内容之一。具体而言，打造具有韶关特色的红色教育基地，不断丰富红色教育基地实地教学内容，将韶关红色革命历史融入红色教育中；创新具有丰厚历史文化底蕴的红色文创产品，活化展示有声有色的红色故事，让韶关红色品牌化教育成为一种地方文化象征；加强党员谈心室、党员志愿者服务岗等党建阵地，让韶关的红色教育融入各个单位、学校、社区、家庭以及党群机构各个部门中去。通过动员和汇集专家教授、社会和媒体力量，加强韶关红色教育的研究与宣讲；通过打造红色革命遗址景区、特色红色镇、特色红色村等带动当地红色旅游发展以实现乡村振兴；统筹运用“引进来”和“走出去”的多元化传播方式，发挥粤北绿色生态优势，将研学旅游与红色教育相融合。上述举措不仅实现了红色教育的社会意义，也实现了通过红色文化发展红色旅游推动韶关社会发展的经济目标。

（三）以创新红色教育品牌提升红色教育吸引力

马克思主义认为，理论只要说服人，就能掌握群众，而理论一旦掌握群众，就会变成改造社会、改造世界的物质力量。[4]在韶关地区，每一处革命遗迹以及每一件珍贵的文物或是每一堂红色传统文化课程，都是非常鲜活的教材，能将革命先辈的崇高理性、坚定信念以及爱国情操有效展现出来。在全社会营造一种了解红色文化，感悟红色经典，接受红色革命熏陶的浓厚氛围，更重要的是帮助地方人民建立文化身份。红色教育是一项政治性很强的工作。[5]中国特色社会主义进入新时代，要求广大党员要进一步扩展政治视野，提高政治站位。在红色教育中要始终贯彻习近平新时代中国特色社会主义思想，将红色文化、红色历史与当下的社会问题和社会思潮相结合，不断更新观念、创新教育形式，增强说服力和感染力，在红色教育中牢固树立“四个意识”、坚定“四个自信”是提升红色教育吸引力的重要法宝。

近年来，韶关在红色文化教育和红色党建方面投入了大量人力、物力和财力，“2016 年以来，在省委省政府的支持下，通过市县两级共同努力，共投入保护经费 2.6 亿元，修缮重要遗址 28 处”[6]，为红色文化的传承提供了重要的物质保障。在创新特色的红色品牌文化专题教育中，韶关首先将优秀的革命传统和红色精神融入新时代党员干部教育中。围绕韶关市的红色革命历史，推出一批红色旅游精品线路，打造红色产学研课堂，将红色教育精品课和红色教育现场教学点相结合、红色教育基地和韶关市的全域旅游规划相融合。韶关将红色优良传统融入党的建设中去，用红色文化和红色精神武装人民群众的头脑，加强了党的基层组织建设。其次，为了活化红色历史，坚持红色教育地域特色，韶关充分发挥专家学者和社会力量，先后出版了《韶关革命历史图文集》《韶关革命历史纪事》等图书刊物；制作了《韶城·红色忠守者》等红色影像资料；为活化韶关红色历史，组织拍摄了电影《双峰星火》、创作了采茶戏《51 号信箱》和话剧《无畏的青春》等一批独具韶关地方特色的红色文创产品。

三、简要讨论

红色文化不仅是宝贵的精神财富，也是社会经济发展的重要物质财富。将优秀的红色文化资源与地方旅游事业相融合，不仅是地方社会经济发展的驱动力，同时也是推动社会经济快速发展的精神支柱，更是展现地方文化特色的一张重要名片。红色文化中的思想、道德和价值观念等，通过塑造人的品质，对地方社会形象产生重要影响。韶关红色革命遗址是中国革命历史的重要见证，也是进行爱国主义和革命传统教育的重要载体。无论是在抗战时期还是在新时期，都发挥着巨大的作用。韶关红色教育围绕社会主义核心价值观，通过地方红色文化元素构建红色教育品牌、以地方红色教育品牌强化城市创新驱动力、创新红色教育品牌、提升红色教育吸引力，激励人们为实现中华民族伟大复兴而不断奋斗，弘扬爱国主义民族精神和改革创新时代精神，形成一种积极向上、团结奋进的干事创业良好社会风气。

参考文献

[1][2] 刘启宇．传承红色基因　打造“红色韶关”［J］．思想政治工作研究，2021（2）．

[3] 孙雯．以鲜明特色提升红色教育的吸引力［N］．学习时报，2018－06－11（A05）．

[4] 中共中央马克思恩格斯列宁斯大林著作编译局．马克思恩格斯选集：第一卷［M］．北京：人民出版社，1995：9．

[5] 李兴文．铭记初心使命加快红色教育步伐：访全国人大代表，中共江西省委教育工委书记、省教育厅厅长叶仁荪［N］．中国改革报，2019－03－15（9）．

[6] 张亮．韶关：努力打造全省一流红色教育高地［J］．南方，2019（10）．

韶关红色文化融入“中国近现代史纲要”课程教学的探析

薛晓芳

导　语　韶关是一片有着光荣革命传统的红色热土，红色文化思想政治教育功能突出。作为中国历史文化的一个重要组成部分，韶关独具特色的地方红色文化资源中蕴含着丰富的思想政治教育资源，在“中国近现代史纲要”课程建设及其教学中具有不可低估的作用。若能将地方红色文化资源自发融入“中国近现代史纲要”的教学中，对于提高学生的学习兴趣、改进教师教学效果均具有较强的现实意义。

“中国近现代史纲要”课程（以下简称“纲要”课程）是一门以历史学科知识为依托的思想政治理论课。作为一门重要的思政课，它主要介绍了从1840年至今180多年政治、经济、文化、社会等各方面的历史情况，时间跨度长，研究领域广泛，内容十分丰富。与“思想道德与法治”“马克思主义基本原理”“毛泽东思想和中国特色社会主义理论体系概论”三门课程有所不同的是，“纲要”课程从历史的角度，帮助大学生认识近现代中国社会发展和革命、建设、改革的历史进程及其内在规律，从而深刻领会历史和人民是怎样选择了马克思主义、选择了中国共产党、选择了社会主义道路、选择了改革开放。

韶关是一片有着光荣革命传统的红色热土。据2018年数据统计，韶关境内现存革命遗址、遗迹、纪念设施329处，其中红军遗址、遗迹有131处，红军历史文物1 120余件，红军历史文献50多万字，是广东省红色资源最为丰富的地区之一。红色文化思想政治教育功能突出，而且这些红色文化资源与本课程内容高度相关，能够起到对内容的深化和拓展作用，作为中国历史文化的一个重要组成部分，独具特色的韶关地方红色文化资源中蕴含着丰富的思想政治教育资源，对于“纲要”课程建设及其教学具有不可低估的作用。若能将韶关红色文化资源融入“纲要”课程的教学中，对于提高学生的学习兴趣、提升教师教学效果均具有较强的现实意义。

一、红色文化与“纲要”课程的内在契合

红色文化根植于中华优秀传统文化，形成于中国共产党领导的新民主主义时期，贯穿于社会主义建设和改革开放的各个阶段，它既是中华民族优秀传统文化的重要组成部分，同样也是坚定中国特色社会主义道路自信、理论自信、制度自信、文化自信的思想根源，具有丰富的历史内涵和鲜明的时代精神。当前，无论是从党和国家层面的立德树人在对大学生的培养上，还是大学生自身对思想政治教育课程的新期待上，红色文化资源都是传递红色基因的正能量载体，因此将红色文化作为“纲要”课程的鲜活教学素材，历久弥新，能更好地发挥其价值意蕴。从形成基础的相同性、目标宗旨的一致性、优势互补性审视，红色文化融入“纲要”课程是高度契合的。

（一）形成基础的相同性

红色文化主要指中国共产党成立以来，领导中国人民进行革命战争、社会主义建设和改革开放过程中不断形成的，能够反映中国共产党和广大人民群众的理想、信念、道德、价值和对美好生活的追求与向往的文化，

而“纲要”课程所涉及的历史时段，“就其主流和本质来说，是中国一代又一代的仁人志士和人民群众为救亡图存和实现中华民族的伟大复兴而英勇奋斗和艰苦探索的历史”[1]。该课程理论教学承担着帮助学生清晰把握中国近现代历史进程、夯实其理论基础的使命，整个课程体系中都渗透了红色文化思想。从这一层面看，红色文化的形成基础与“纲要”课程中讲述的近现代历史发展进程高度契合。

（二）目标宗旨的一致性

从具体形态上看，红色文化是中国共产党人领导中国人民艰苦奋斗历程的浓缩，是物质形态资源与价值形态精神的高度统一。具体而言，韶关围绕革命、建设与改革奋斗历程及重大事件、重要人物而建立的各种类型革命遗址、英烈陵园、纪念馆、博物馆等，都属于奋斗历程的物质形态，是不可忽视的红色资源。而不同时期形成的“红船精神”“井冈山精神”“长征精神”“延安精神”“两弹一星精神”“大庆精神”等都属于奋斗历程的精神“遗留”，是不能遗忘的红色精神。重视红色文化的传承与弘扬，可以依托“纲要”课程宏大的历史叙述体系及教学过程的开展，深化对中国近现代历史的研究，获得对历史进程、重大事件和相关人物的清晰把握和客观评价，为彰显其时代价值提供了支撑。从这一层面看，红色文化与“纲要”课程开设的目标宗旨完全一致。

（三）各有优势的互补性

“纲要”课程作为高校思想政治理论课，承担着帮助学生清晰把握中国近现代历史进程、夯实其理论基础的使命。如果仅凭平铺直叙、知识灌输会引发学生对课堂教学的反感，继而对课程失去兴趣，从而导致参与教学过程的积极性受到抑制，如果将红色文化融入“纲要”课程理论教学中，一方面通过借助红色资源的直观呈现及红色精神的高度凝练，深化学生对历史知识的理解，有助于帮助学生在清晰把握历史进程的基础上，突出对事件、人物等细节的把握；另一方面，正因为有了红色文化的融入，整个理论教学过程的开展更加生动，既可以丰富教师的授课案例，也可以为课堂演讲、讨论、辩论设置富有吸引力的主题，极大激发学生学习的热情。

二、挖掘和甄选韶关红色文化资源融入“纲要”课程

挖掘和甄选地方红色文化资源，要始终围绕立德树人的办学目标，将“纲要”课程作为传播、弘扬和传承红色基因的有力阵地，更好地实现红色育人作用。正如前面所述，红色文化贯穿中国革命、建设、改革的奋斗历程，在“纲要”课程甄选教材时，既要弘扬富有红色文化蕴涵的革命精神，还要弘扬以爱国主义为核心的民族精神和以改革创新为核心的时代精神，彰显红色基因在各个时期的文化蕴涵。

（一）使韶关红色文化资源成为“纲要”课程教材的有益补充

红色文化资源是我国重要的政治资源之一，是不可再生的、重要的文化资源。不管是显性还是隐性的红色文化资源都见证了一段光荣而伟大的革命、改革和建设的历史，蕴含着革命前辈们不朽的革命精神和高尚的革命情操，凝聚着中华民族和中国共产党伟大的奋斗精神。韶关作为广东北大门，地理位置优越，在军事战略上有重要的意义，韶关这座历史文化名城有着极为丰富的红色历史文化资源。翻开中国革命的光辉史册，不同的时期都在韶关留下了足迹。特别在新民主主义时期，革命先辈在这里留下了丰富的红色文化资源和红色精神财富。

高校开设的思想政治理论课程，应主动承担起红色资源挖掘和红色基因传承的使命，积极为地方高校提供红色文化的智力支持，这就涉及如何

选取与“纲要”课程相适宜的教学内容的现实问题。将韶关红色文化资源融入“纲要”课程教学，首先应该具有明确的现实指导性。这就要求在选取韶关红色文化资源时，必须适时甄别韶关红色文化资源能否与“纲要”课程内容相契合，如此才能使韶关红色文化资源真正成为“纲要”课程的有益补充，充分发挥韶关红色文化资源的辅助作用，但不宜喧宾夺主，影响甚至破坏了原有教学内容的完整性和系统性。

（二）使韶关红色文化资源融入“纲要”课程教学具有可操作性

若将韶关红色文化资源融入“纲要”课程教学，还须具有可操作性。地方红色文化资源的挖掘可以激发历史鲜活素材与思想政治教育的内在关联，带动学生从不同层面丰富所学知识，从而促使高校中来自五湖四海的学生激发内在学习和探究的动力。例如，对于韶关学生来说，由于他们有天然的地域亲切感和最接地气的教育资源感知层面的认识，所以，可以发挥他们积极引领的主动性，自觉充当韶关红色文化资源的宣传者和倡导者，不但让更多的外地学生了解韶关的历史文化和人文风貌，而且能够使学生在实践过程中体验韶关红色资源独特的魅力，便于学生自我实践能力的养成。因此，将韶关红色文化资源融入“纲要”课程教学中，教师的角色非常重要，教师需要在课前对所学韶关红色文化资源进行摸底和考察，引导学生根据“纲要”课程教学的实际需求去主动查找和阅读韶关红色文化的史料记载和相关资料，以此有针对性地训练学生自主学习的能力。然后，教师找到韶关红色文化资源与课堂教学的链接点，使韶关鲜活的红色文化资源与课堂教学相得益彰，保证课堂教学不偏离教学中心，从而达到预期效果。

三、韶关红色文化融入“纲要”课程的实施路径

虽然，红色文化的教育功能相对分散和间接，但是作为历史进程的物质和精神“遗留”——红色文化，形态多样，体现细节，它所呈现的直观性和感染性，是其他文化资源不能比拟的。因此，充分利用韶关丰富的红色文化资源，将其融入“纲要”课堂理论教学、引入校外实践教学，纳入网络教学，开拓富有鲜明地方特色的爱国主义实践教育路径，使大学生真正将爱国主义内化于心、外化为行，切实增强大学生爱国主义教育的针对性和实效性。

（一）将韶关红色文化融入“纲要”课程理论教学中

尽管韶关红色文化形态多样，内涵丰富，思想政治教育功能突出，但是未能形成系统化、体系化的红色文化理论框架，而且融入理论教学过程的红色资源或红色精神，也必须与课程内容高度相关，这样才能起到对历史的深化作用。所以将韶关红色文化融入“纲要”课程理论教学中，必须专门设计韶关红色文化专题，实现教材体系向教学体系的转化。如在讲授第一章“中国灿烂的古代文化”的内容时补充讲述“寻问‘古虞名郡’——韶关”，插入和展示粤北先人为开发粤北而做出贡献的遗址文物资料，如南雄的梅关古道、珠玑巷，始兴东湖坪的永成围、隘子镇的满堂围等围楼，曲江马坝的南华寺等图片，还可以插入粤北名人张九龄、余靖等人的诗词。在配合第五章“中国革命的新道路”时着重讲解1929—1930年，朱德、毛泽东率领红四军多次转战南雄，筹粮筹款，宣传革命。特别是1931年1月至2月，邓小平率领红七军以建立小北江革命根据地和向中央苏区挺进为目的，从广西左右江地区转战经过粤北的连山、连县、乳源、乐昌、仁化数县，沿途打击敌人，宣传革命，发动群众。1932年7月，中共苏区中央局领导和指挥了发生在韶关南雄的“水口战役”，有力

地打击了粤敌，保障了中央苏区南大门较长一段时期的安宁等事迹。讲授第五章第二节红军长征可结合红军长征过粤北，帮助寻找红军长征在韶关连续突破三道封锁线的红色记忆；同时可适当补充项英、陈毅等在粤北游击斗争情况。在讲授第六章“中华民族的抗日战争”中注重讲述“红色堡垒——中共粤北省委旧址”，1938 年 10 月至 1942 年 5 月，中共广东省委根据抗日形势，将省委机关由广州迁到韶关。中共粤北省委这栋“红色堡垒”为指挥广东抗日战争发挥了重要的作用，还可举例补充侵华日军在粤北制造的惨绝人寰的大屠杀事件。在讲授第七章“为新中国而奋斗”时，可讲解在解放战争时期，东江纵队在梅关与第二野战军第四兵团、第四野战军第十五兵团会师，开创了解放粤北、广州的新局面，把韶关红色文化资源的内容穿插、渗透到思想政治课教学中去。不仅可以拓展和丰富思想政治课教学的内容，而且还能增强思想政治教育的亲和力、说服力，以感染学生，升华学生爱国主义情感。

（二）将红色文化融入“纲要”课程实践教学中

单纯依靠课堂内的理论讲授不能满足大学生对历史的感知，更关键的是要通过强化实践教学，通过实践教学层面扩展大学生历史感知的视野，使他们能在实践教学活动的参与学习的过程中感受到中华民族伟大复兴的历史征程，感受到习近平新时代中国特色社会主义思想带来的振奋力量。推动韶关红色文化的融入，是丰富实践教学形式、拓展实践教学平台的有力举措，所以，探索主题鲜明、形式多样的实践教学更有助于“纲要”课程教学任务的完成。

第一，定期组织学生走出校园观看红色电影，参观粤北华南教育历史资源、红军长征粤北纪念馆、广东省委旧址、双峰寨、英烈陵园、博物馆等韶关红色文化教育基地、革命历史纪念馆、革命遗址等，让学生重温历史，增强对马克思主义的信仰，坚定道路自信、理论自信、制度自信和文化自信。而且在参加完校外实践教学活动后，围绕近代以来中国仁人志士坎坷追梦历程，围绕新中国成立以来特别是改革开放40年以来的辉煌成就，广泛发动学生讲述自己亲历亲见，用文章记录和表达爱国之心、强国之愿、报国之志，强化对学生自身责任和使命的认识，树立以实干兴邦精神奋力实现中华民族伟大复兴的光荣梦想。

第二，为保证实践教学任务的顺利达成，解决好红色文化的融入问题，还可以继续拓展实践教学的视角，丰富实践教学形式。例如，讲授第四章“五四运动：新民主主义革命的开端”这一内容时，可以适时组织举办大学生“五四”知识竞赛，或者引导学生利用节假日赴周边高校开展关于“大学生对五四精神的现状调查”等，通过这一系列活动，旨在帮助学生对五四运动背景、过程的准确把握，从而获得对相关知识点的深刻理解；为提升韶关红色文化的融入实效，还可以立足于对“纲要”课程内容的把握，对中国近现代历史进程中的重大纪念日及韶关周边的革命遗址、英烈陵园、纪念馆、博物馆等作一个梳理，在此基础上制订实践教学方案，选择开展实践教学的时间、场地，设置实践主题。特别是要注意甄别在围绕特定章节内容所有可能的实践教学形式中，对学生最具吸引力、最能体现其成效的形式，实现实践教学的优化设计。

（三）将韶关红色文化融入“纲要”课程网络教学中

“纲要”课程网络教学旨在通过优质网络课程资源，推进课程网络平台建设，探索适应信息时代要求的教学创新模式。我们可以组织课程组成员将与之相关的红色资源或红色精神制作成课程资源，将韶关本地红色文化融入教学视频中，着力打造红色在线思政课堂，通过发挥教学视频生动形象、信息浏览快速便捷、参与讨论充分高效等方面的优势，拓展学生的知识结构并提升学习自主性，使网络教学成为理论教学、实践教学的积极支撑。

鉴于师资力量、实践经费、人身安全等因素，往往很难实现这种全员的、广泛走出校门的实践活动，我们还可以通过发挥在线教学技术的应用优势，积极依托红军长征粤北纪念馆、广东省委旧址、双峰寨、英烈陵园、博物馆等红色资源的数字化建设，推动韶关地区的红色文化向“纲要”课程网络教学的融入，发挥地方资源优势，深化爱国主义教育。积极利用粤北华南教育历史资源、红军长征粤北纪念馆、广东省委旧址、双峰寨、英烈陵园、博物馆等红色资源，播放和展示与课程教学内容直接相关的教学视频、文献资料，实现网络教学平台的高效利用，让学生学习最接近现实、最接地气的教育资源，对提升我校思政课教学的针对性和实效性有重要意义。

参考文献

本书编写组．中国近现代史纲要：2021 年版［M］．北京：高等教育出版社，2021：1.

粤北红色文化的传承与创新——以涵养大学生社会主义核心价值观为视角[①]

康雁冰

导　语　在价值多元、文化多样以及西方凭借文化、经济等全方位优势推行文化殖民、价值侵略的新形势下，培育社会主义核心价值观是当前的紧迫任务。然而，教育对象和教育环境的复杂多样，要求我们创新教育方式，以利于社会主义核心价值观的落实、落细、落微。在这种条件下，红色文化的传承与创新不失为一种有益探索。粤北红色文化的特性和功能，满足了涵养大学生社会主义核心价值观的客观要求，其传承与创新为我们提供了新视角，开辟了新思路。

党的十九大报告提出："培育和践行社会主义核心价值观，增强意识形态领域的主导权和话语权"，是当前乃至很长时间内的紧迫要求。当前，历史虚无主义、"普世价值"等思潮对大学生产生极大消极影响，阻碍对社会主义核心价值观的认知、认同。从现实情况看，理论教育效果有限，迫切需要探索新的话语体系、宣传方式、实践形式，通过转变入眼、入

① 基金资助：本文系广东省高校社会主义核心价值观传播研究中心2020年立项课题"社会主义核心价值观融入高校校园文化建设研究"成果，获广东省高校社会主义核心价值观传播研究中心资助；韶关学院2020年人才引进科研项目"涵养大学生社会主义核心价值观的校园文化载体创新研究"阶段性成果。

耳，增进入脑、入心和入行。其中，对红色文化的传承与创新，不失为一种有效途径。

一、粤北红色文化的内涵、特性和功能

粤北红色文化，特指中国共产党领导粤北劳动人民，为实现富强民主文明、自由平等公正进行的革命斗争而形成的革命文化。它是一种集革命性、大众性、地方性于一身的中国特色先进文化。粤北红色文化内涵丰富，包括“人”“物”“事”“魂”等。“人”是指为国家富强、民族独立，以及革命胜利而奋斗、战斗和牺牲的人物。既包括梁展如、郭招信、郑选民、欧日章等出生在粤北地区的人物，也包括毛泽东、朱德、陈毅等曾经在粤北领导革命、战斗过的人物。“物”指红军长征粤北纪念馆、北伐战争纪念馆等红色文化纪念馆，乐昌市梅花镇大坪村湘南暴动乐昌遗址、省委机关旧址红围、双峰寨、石塘古村等为代表的粤北红色文化遗址，以及以步枪、衣物、红军碗等器具为代表的红色文化遗产等。在乐昌市博物馆，保存了红军留下的手榴弹、箩筐、斗笠、电话机等物件。“事”是指粤北革命人物的革命故事、红色家书，粤北会战、红军长征、粤北突围、中共广东省委迁至韶关等在粤北地区发生的历史事件，以及相关的文化影视作品等。“魂”是指粤北革命精神、革命品质，以及价值追求等。

粤北红色文化具有多元特质。一是政治性，即红色文化的本质特征，“红”指的是政治性。传承红色文化，就是要传承“红色基因”。它是“灵魂”“生命线”。二是丰富性，粤北红色文化资源多样，内涵丰富。韶关是红军长征唯一经过的广东省地级市，广泛分布着沈所红围、梅岭梅关、大岭下会议旧址、廖地会师旧址、油山镇上朔古村人民会堂等，红色遗址居广东之首。毛泽东、周恩来、朱德、邓小平、彭德怀、陈毅、刘伯承、聂荣臻、罗荣桓、叶剑英等老一辈革命家都曾在韶关战斗和生活过。他们给粤北这块红色土地留下了战斗足迹和丰富的革命遗址、革命故事，

以及丰富的精神财富。韶关现有革命遗址、遗迹、纪念设施329处，其中红军遗址、遗迹有131处，红军烈士纪念碑（园）8座，经认定命名的红军遗址（旧址）文物保护单位37个，红军历史文物1 120余件。红色资源及其蕴含的内涵可见一斑。三是地域性，红色文化已经成为粤北地区符号，除了文化功能，还具有地域功能，在广东省无可替代，已成本地域的鲜明特色。近年兴起的华南历史研学，更加为其添上了浓墨重彩的一笔。四是群众性，这是红色文化的本体性。红色文化的形成过程就是一部唤醒人民大众、组织人民大众、造福人民群众的历史。广大人民群众积极参与革命、建设和改革的实践，形成了红色文化的画卷。“红军说，我们是人民的军队。”年幼的他被红军带去驻地吃饭，饭后送他回家。年近90岁的韶关仁化县城口镇居民吴长城对80多年前红军长征经过时留下的这句话和这段经历仍记忆犹新。红军长征经过了南雄、仁化、乐昌三县近20个乡镇，还住进当地农民家。毛泽东在韶关主持了农民运动讲习所，朱德在韶关开展了一个多月革命活动，项英、陈毅在南雄等地进行了三年游击战。

社会主义核心价值观，是与红色文化的生成、发展、实践过程相适应的价值生成。红色文化凝聚成为其红色基因，孕育其中国特质，成为涵养价值观的重要载体，以及独特媒介。一方面，红色文化的精神实质、价值理念，具有内在涵育价值，成为涵养社会主义核心价值观的红色基因。历史是最好的教科书，把握核心价值观的内涵，需要我们从历史事实中寻找答案。作为“根本性”的东西，离开红色文化，核心价值观就成了无本之木，犹如脱离土壤的种子，难以发芽，成长为苍天大树。只有以史为鉴，剖根析源，才能理解其本质，从认识论上解决“根子”问题。另一方面，红色文化的客观真实性，英雄人物事迹和精神，可抵御错误思潮。弘扬红色文化，既对大学生进行正面引导教育，又关照历史虚无主义、“普世价值”的消极影响，为抵御错误思潮注入了精神底色，消除其干扰并践行社会主义核心价值观提供逻辑中介。

综上，粤北红色文化是粤北人民认同的文化“最大公约数”，社会主义核心价值观是中华民族认同价值观的“最大公约数”。以“最大公约数”文化涵养化育“最大公约数”价值观，必会培育大学生更为深厚、坚定的“四个自信”。

二、红色文化：涵养社会主义核心价值观的战略抉择

无论是从社会主义核心价值观的实践性要求来看，还是从红色文化的特质及其育人功能来看，抑或从意识形态传播的特殊性来看，红色文化是涵养社会主义核心价值观的有效载体。

（一）满足社会主义核心价值观的涵养要求

文化是应对外部挑战的一种模式。正因为如此，不同区域形成了不同的文化形态。当前，社会主义核心价值观面临着严峻挑战，它需要一种文化为自己塑造自我保护的磁场，以应对面临的挑战。这种应对显然是单一的文化难以承受的，它需要一种整体性的文化形态才能履行使命。

“文化是包括知识、理想、信念、信仰、价值、态度等在内的一种复杂而稳定的精神整体，是人的价值观的外化形式，也是决定人的行为的精神核心。”[1]价值观是文化的内在特质，文化是价值观的外在表现，任何文化概莫能外。文化产品因此成为一种国家外交的“低成本、高收益”的软性资源。约瑟夫·奈特称为“一种无须投入过多，相当有价值的软力量资源”[2]。换言之，对某种价值观的认同就是对某种特定文化的认同，其诠释和表达同样也依附于文化产业、文化产品。作为中华民族普遍认同的价值体系，社会主义核心价值观具有广泛性和普遍性，伴随其生成的文化也必须具有这种特质。内含地域基因、文化基因、民族基因的红色文化，是粤北人民自身的文化印记，它反映的是本地区居民的心理需要，在社会心

理、价值取向上比较容易达成共识，具有得天独厚的亲民优势。

“文化的多样性是经济全球化时代世界文化发展的标志和表现，是世界各国地域文化形式维持其存在的主要表现。”[3]单就作为地域文化之一的当代红色文化，也因为地域、风俗、种族、阶层、历史、经济等因素，表现得千差万别、风姿百态。它不断地“造成新的力量和观念、新的交往方式、新的需要和新的语言”[4]。人在哪里，文化就在哪里，与人民须臾不离、休戚与共、生死相依。人类的存在与发展，就是文化的发展史。人是文化的产物，文化是人的存在。没有人就没有文化，没有文化就没有人。肉体可以被消灭，但是灵魂不熄，这个灵魂就是精神，就是文化。红色文化具备社会主义核心价值观大众化对社会成员全覆盖的泛在性要求，其表现形式、语言形式，为社会主义核心价值观大众化进程中转换话语体系，讲述中国故事，实现本土化、地方化助力。

（二）传播社会主义核心价值观的重要载体

社会主义核心价值观大众化的关键在于群众的实践自觉。依靠群众、发动群众、推动群众是根本方法。物质决定意识，经济基础决定上层建筑。归根结底，人们日益提高的物质和精神需要，是推进社会主义核心价值观大众化的根本动力。相对于物质文化的丰裕，精神文化积贫积弱。当前，富者，被称为“土豪”。遍地奢华映衬下的精神贫民，被贴上了“富而不贵”的标签。显然，一味地重视经济发展，并不能塑造精神贵族。大众化，简言之，就是由抽象到具体、深奥到通俗、理解掌握的人数由少数到多数的过程。从本质上说，它是一种对大众的文化观照、精神观照。如果单纯地依靠束之高阁的精英文化、晦涩难懂的深奥理论、少数人群的谙熟于心，社会主义核心价值观恐难避免沦为少数人的虚幻的“集体意识”。毋庸讳言，它需要一种通俗易懂、人人参与、皆可享有的大众文化。在这种条件下，兼具上述特质的红色文化，显然与之相得益彰。红色文化融涵核心价值的主体内容，契合传播路径，目标指向一致。红色文化的凝聚激励、规范约束功能，广聚民众，助推社会动员，夯实大众化传播的群众基础。红色文化链接散见于社会各区域的共同体，作为一种血脉和基因，代代相传，使得社会主义核心价值观理论与实践紧密结合，实现了两者之间内在连接、共融共生、联动发展和包容发展。

红色文化不仅有可视的物质文化，还有无形的观念、思想等精神文化，最特殊之处在于，它还具有强烈的意识形态属性。这种特性借助于文化产品的推广，悄然入心，不知不觉赋予人们某种价值观念。正因为如此，美国等西方发达国家非常重视融入本国价值观的文化产品的设计和开发，并将它们扩散到全球。“就心理机制而言，文化可以看作是一定群体所形成的共同的心理程序，即群体成员对一定的社会刺激产生的类似反映。文化的这种机理对于形成全社会共同的价值观具有重要作用。”[5] 人类社会的发展历史反复证明：共同价值观要深入人心，得到全社会认同，就必须处理好与文化的关系。只有实现两者的良性互动，以社会主义核心价值观引领文化发展，“增添文化的内涵、实现文化的关照，努力做到以文化人、以文育人”[6]，才能形成有效的生成动力。

在一些西方学者看来，文化是统治者营造满足社会现状的控制工具。西方国家普遍地采用媒介等手段，传播自己的文化产品，以达到对发展中国家重塑价值观和社会制度的目的，早已是公开的秘密。价值观的竞争，说到底是文化以及文化力的竞争，文化所蕴含的能量，可以改造世界，也可以毁灭世界。伦敦《市长文化战略》提出，“文化是一种增进理解和认同的强大力量，文化跨越障碍，尊重差异，可以把不同背景的人们团结在一起”[7]。可见，社会主义核心价值观大众化，必须与文化相结合，才能行稳致远。以聚集民意为核心的红色文化的凝聚力；以爱国精神为核心的红色文化的价值创造力；以红色文化传播为核心的辐射力；以红色形象构筑的影响力，是其大众化的动力之源。总而言之，文化路径是必然选择、必然要求。

（三）应对文化多样价值多元挑战的着力抓手

“当今世界，我们正面临着各种思想文化交融交锋、思想意识多元多变多样、多种价值观较量抉择的新特点、新情况和新常态。”[8]在这种情况下，它迫切需要一种被广泛认同且地域性先进文化作为支撑，以实现多元异质文化的整合。

大众化的关键在于文化认同[9]。吉登斯曾在《现代性与自我认同》一书中指出，现代社会中，认同的重心已经从形而上的生产方式和意识形态，转向了形而下的生活方式。可见，文化认同的核心在于其关照社会现实，深入大众日常生活，契合大众接受水平，满足大众生活需要的真实本质，实现对大众的文化领导。占领大众的文化领导权，又必须而且只有依靠与大众联系最紧密的大众文化才能实现。在社会参与主体的数量和深度上，红色文化具有无可比拟之优势。人们既是其参与者、建设者，又是其享有者。人们改变着文化，同时又被文化改变着。文化渗透改变和影响人们的思维方式、行为准则，文化环境为社会主义核心价值观大众化提供动力。两者互动、互补，于无声无息中深刻地改变着我们。改变的动力来自于红色文化的承载传导作用和隐性教育功能，它内聚社会主义核心价值观大众化所需的文化要素、资源和平台，无时无刻不辐射和浸润着人们的心灵。红色文化建设平台的多样性，丰富了推动社会主义核心价值观大众化的媒介载体。红色文化的丰富多样，歌曲、诗歌、书信、器具、标语等百姓喜闻乐见的方式，浅显易懂的语言，活泼直观的手法，传播形式、传播渠道的多样化和个性化，适应了当今个性化的潮流，迎合了与日俱增的多元化需要，为社会主义核心价值观大众化增添了外源性动力。

从文化与价值观的关系来看，文化是价值观的根，离开这个根，价值观将无所依托，无法生长。文化建设是价值观生根发芽的根本动力。从这个角度而言，社会主义核心价值观必须以文化为依托。从大众化的进程来看，大众化并非一蹴而就，它需要在区域化的基础上层层推进、逐步实现。所以，社会主义核心价值观大众化必须立足于红色文化建设，才能夯实基础，实现目标。从价值张力而言，国与国之间或者社会主义与西方资本主义价值观之间的较量，说到底还是文化实力的较量。当前，资本主义核心价值观之所以在国际社会占据主导地位，凭借的正是其压倒性的文化优势。从这个角度而言，社会主义核心价值观大众化，其实就是文化建设。

三、粤北红色文化的传承与创新：涵养大学生社会主义核心价值观的有效方式

作为一项教育活动，大学生社会主义核心价值观教育必须回归到实践中，培育和践行社会主义核心价值观方能真正实现。在当代中国，具体而言，可以通过把社会主义核心价值观渗透到大学生的学习、生活、工作中，改变思想观念和行为方式；通过繁荣大学校园文化，丰富和拓展大学生社会主义核心价值观教育的文化载体，以促进大学生社会主义核心价值观教育，进而使社会主义核心价值观得以践履。

（一）把红色文化传承纳入“文化强国”战略，突出解决人的价值信仰问题

实施“文化强国”发展战略，就是以建设社会主义文化强国为目标，坚持中国特色社会主义文化发展道路，以马克思主义为指导，坚持社会主义先进文化前进方向，坚持以人为本，改革创新，把社会效益放在首位，把解决人的价值信仰问题放在突出位置发展。

在当代中国，实施“文化强国”发展战略，就是要“以建设社会主义核心价值体系为根本任务，以满足人民精神文化需求为出发点和落脚点，以改革创新为动力，发展面向现代化、面向世界、面向未来的、民族的科学的大众的社会主义文化，培养高度的文化自觉和文化自信，提高全民族

文明素质，增强国家文化软实力，弘扬中华文化，努力建设社会主义文化强国”[10]。详言之，当代中国的文化发展，其出发点和归属都要实现好、维护好、发展好全体人民的价值信仰。要从人民群众出发，把人民群众的精神文化需要作为出发点，使社会主义先进文化深入民心，人民群众的精神文化生活更加高尚、丰富和多彩，思想道德素质和科学文化素质全面提升，物质文明和精神文明全面发展，铸就中华民族共同的精神家园。在发展过程中，我们要始终坚持中国特色社会主义道路和以人为本的发展理念，人民群众既是发展的动力，又是发展的主体，要充分发挥人民群众在文化建设中的积极性、主动性和创造性，推动社会主义文化的大发展大繁荣。文化发展的根本目的是为了人民，文化发展的根本动力来自人民，文化发展的成果由全体人民共享，归根结底是为了满足人民群众的精神文化需要，要切实保障人民群众的各项文化权益，让文化发展的成果惠及全体人民，促进人的自由全面发展。

在当代中国，实施“文化强国”发展战略，不仅必要而且可能。在中国全面持续推进改革开放的今天，人民群众的物质文化需要已经获得满足，更高层次的精神需要和自我实现的需要正在生长，这种需要应该由文化价值观给予反映。从当前我国社会的发展需要来看，根据人的发展需要来调控社会文化的发展，已经是迫在眉睫。因此，十七届六中全会通过的《中共中央关于深化文化体制改革　推动社会主义文化大发展大繁荣若干重大问题的决定》，提出了“坚持以人为本，贴近实际、贴近人民，文化发展依靠人民，文化发展成果由人民共享，促进人的全面发展，培养有理想、有道德、有文化、有纪律的社会主义公民”的指导方针和原则。

“文化强国”发展战略能否真正实现，可以从诸多指标进行衡量。如人的道德、价值信仰、精神文明、文化软实力、文化传承创新、文化改革发展等，都是衡量指标体系的具体体现。因此，我们认为，“文化强国”发展战略是一种全局性、综合性的发展战略，主要包括文化软实力、文化传承创新等。

第一，实施文化软实力发展战略。早在2007年，中共十七大就将文化软实力列为实现社会主义文化大发展大繁荣的重要战略之一。历史经验表明，仅仅是经济的发展，并不能解决所有的社会问题，相反，社会不和谐、不稳定的因素反而增多，由于文化发展的不足，经济发展的可持续动力日渐式微，人民群众的精神越发空虚、信仰逐渐缺失、道德持续滑坡。如果我们仍然延续文化建设远远跟不上经济建设的发展模式，凝聚人民群众的思想共识、价值认同，维护国家的文化安全、意识形态安全和社会主义发展道路，将变得越来越困难。文化软实力发展战略，主张弘扬社会主义先进文化，构建社会主义核心价值观，综合创新古今中外文化，保护和传承中华民族优秀传统文化，扩大对外文化传播与交流，以提高中华文化的引导力、感召力、创新力、传承力和影响力。

实施文化软实力发展战略，就是以文化看待发展，就是把人民群众的价值信仰放在文化发展的突出位置。因此，文化发展首要是为了满足人民群众的物质文化需要和精神文化需要，更重要的是为了解决人民群众的价值信仰问题，满足人民的自我实现的需要，促进人的全面自由发展。其中，先进文化在文化软实力中处于关键地位。没有先进的文化，或者文化不具有先进性，根本就谈不上所谓的“实力”。所以，弘扬社会主义先进文化，提高社会主义先进文化的引导力，成为实施文化软实力的必然选择。发展社会主义先进文化，既有有利因素，也有不利条件。有利在于我国拥有五千多年的华夏文明，中华优秀传统文化是我们建设社会主义先进文化的母体。不利在于我国是在半殖民地半封建的落后基础上建设社会主义先进文化。可以说，对于建设社会主义先进文化而言，精华与糟粕同在、积极与消极并存，既有自洽之处，也有不适之处。因此，弘扬社会主义先进文化，我们要在坚持和发扬中华优秀传统文化的基础上，去粗取精、推陈出新，结合社会主义核心价值观，与时俱进，不断创新，实现中华优秀传统文化的现代性转化，为社会主义先进文化建设提供源源不断的养分。

在对待外来文化上，我们坚持包容并蓄，取长补短，为我所用。中华文化之所以在历史上的很长一段时间位居世界前列，原因就在于“它具有海纳百川、有容乃大的胸襟，具有博采众长、兼收并蓄的传统。从中华文化自身来看，本身就是一种多民族、多地区共同缔造，融多元于一体的文化，不仅包括汉族的文化，还包括其他几十个民族的文化，从中华文化与其他文化的关系来看，虽然我们也有过封闭时期，有过闭关锁国、抱残守缺的教训，但在漫长的历史上，开放包容始终是中华文化发展的潮流”[11]。作为社会主义先进文化的精髓，社会主义核心价值观是社会主义先进文化的题中之义。因此，我们在弘扬社会主义先进文化时，必须将社会主义核心价值观贯穿和融入建设的全领域、全过程，使之体现在精神文化产品的创作、生产、传播的各个环节之中。当然，创新是保持文化生命力的源泉，同样也是社会主义先进文化的重要组成部分。对于传统文化、红色文化以及包括西方资本主义在内的外来文化，我们都要坚持批判继承再创新，而不能生吞活剥、生搬硬套，只有在批判基础上的再创新，才能为我所用。长期以来，尽管中华文化一枝独秀，但是“墙内开花而墙外不香”，原因在于我们的文化传播不力。因而，弘扬社会主义先进文化，提高文化软实力，必须扩大社会主义先进文化的对外传播与交流，向世人讲好中国故事，传递好中国声音，展示好中国形象。

第二，实施红色文化传承创新发展战略。文化传承创新，既是实施“文化强国”发展战略的内在要求，又是推进中国特色社会主义先进文化建设的必经之路。“传统文化既是传承的对象，也是创新的基础。只有坚持文化传承与创新，中华文明才能延续，才能发扬光大，成为人类共有的精神财富。”[10]传承是创新的前提和基础，任何创新都是在继承前人成果上的创新，否则就是无本之木、无源之水。但是，创新又不是天马行空地创新，而是有原则、目标、方针地创新。这里的目标就是立足中国特色社会主义实际情况和社会主义核心价值观的发展目标，以马克思主义理论和科学发展观为指导，深入推进当代中国文化的传承创新。一是要深入挖掘中华优秀传统文化的资源，广泛宣传中华优秀传统文化，让人民群众继承和弘扬中华优秀传统文化的优良传统和精神。对于有着几千年光辉灿烂文化资源的传统文化，发掘、整理和重新阐释还远远不够。我们要充分利用现代信息技术，加强对红色文化的保护、利用，使之数字化、大众化。二是要针对人民群众的精神文化需要，培育社会主义文化市场体系，为红色文化传承创新提供新的动力。毋庸讳言，红色文化传承创新的内生动力来自于文化消费市场。只有全面提高人民群众的文化消费水平，才能拉动文化传承创新产业的快速发展。培育文化市场的关键在于，提供符合人民群众精神需要的、满意的文化产品。因此，准确把握人民群众的精神文化需要，引领人民群众文化产品消费的潮流，大力促进文化产业的快速发展，就成为当务之急。

（二）推进红色文化进校园，拓展大学生社会主义核心价值观教育载体

中共中央办公厅发布的《关于培育和践行社会主义核心价值观的意见》明确要求："把社会主义核心价值观覆盖到所有学校和受教育者，形成课堂教学、社会实践、校园文化多位一体的育人平台。"[12]作为大学生社会主义核心价值观的重要载体，高校校园文化的建设至关重要。结合大学生社会主义核心价值观教育的特点和要求，我们认为，将红色文化、社会主义核心价值观融入校园文化建设之中，加强校园精神文明建设，是繁荣大学校园文化，丰富和拓展社会主义核心价值观教育的文化载体的有效途径。

作为社会主义核心价值观生根生长的肥沃土壤，红色文化的传承不可或缺。对于大学生社会主义核心价值观教育的校园文化载体而言，红色文化的基础性地位凸显。正如美国著名哲学家、教育学家杜威在《民主主义与教育》中所指出的那样："任何教育如果只是为了教授技能，这种教育就是不自由的、不道德的。"[13]那么，如何让我们的大学教育变得更加自

由和道德呢？我们认为，“大学一定要有传统文化的根，大学需要文化和精神”[14]。将红色文化融入校园文化建设之中，一是要将粤北红色文化融入大学生的学习教材和课堂之中。二是要将粤北红色文化融入大学生的日常生活中，“深入开展‘我们的节日’主题活动，实施中国传统节日振兴工程，丰富春节、元宵、清明、端午、七夕、中秋、重阳等传统节日文化内涵，形成新的节日习俗。加强对传统历法、节气、生肖和饮食、医药等的研究阐释、活态利用……充分利用历史文化资源优势，规划设计推出一批专题研学旅游线路，引导游客在红色文化旅游中感知其蕴含的价值观。推动休闲生活与红色文化融合发展，培育符合现代人需求的传统休闲文化。”[15]三是要将粤北红色文化融入校园传媒中，构建优秀传统文化的新媒体载体。高校要将粤北红色文化搬上校园网络，融进QQ、微信、微博等自媒体中，在校园网络上开辟传承粤北红色文化的专栏。在一些诸如传统佳节或重要庆典时间节点，推送粤北红色文化典型人物、故事，配以图片、动漫等，以趣味性、生动性的手法表现出来，增强其亲和力和吸引力。

（三）创新红色文化传播方式，扩大红色文化的影响力

这是一个“渠道为王”的时代，充分利用新媒体等当代大学生喜好的接受方式，非常重要。一是要加强平台建设，通过将红色文化纳入宣传范围，作为重点内容，开辟专栏，不断更新内容，让红色文化占领校园宣传的制高点。二是重视网络媒介建设和利用，充分运用VR等现代信息技术手段，以吸睛的视觉、声音等多媒体效果，立体展示红色文化的绚烂，让学生在沉浸式体验中，感受红色文化的伟力，增强宣传效果。三是重视红色文化作品的推陈出新，充分利用舞蹈、音乐剧、动漫、话剧等艺术形式。针对大学生的年龄特征、精神需要等特征，从表达方式、话语体系、时代特征等方面，创作出更具时代气息的红色经典。四是促进红色文化产业化，要发展壮大，传承创新，就必须走产业化发展道路，才能提质和繁荣，赢得市场。越是经典，越是流传，越是永恒。红色文化，需要包装，

需要创造性运用，创新性发展，走内涵式发展道路。通过培养文化人才、创新文化体制机制等方式，解放文化生产力，发展文化生产力，助推红色文化产业做大做强，赢得市场，赢得认同。五是要改革创新宣传方式，革新媒介，把握节点，显性与隐性相结合，声光电相结合，深度嵌入学生网络生活，增强红色文化的渗透力、感染力。

（四）加强红色文化的理论创新，夯实核心价值观的理论基础和现实支撑

理论一经掌握，焕发巨大生命力。理论只要彻底，就能掌握群众。核心价值观的认同，需要不断从理论层面以及现实层面，同向发力，激发理论的阐释力、说服力、穿透力。一是要进一步挖掘红色文化资源，保护、利用好红色文化，并进行系统性理论阐释，将红色文化提升为深刻理论。二是要从理论到文化，用深刻的理论阐释红色文化的本质，以真实的历史资料、历史背景、历史文物、历史遗迹等资源，印证理论，支撑理论，论证理论，达成对理论的确信和自信。三是以问题为导向，破解研究不深、阐释不透等痛点、难点，下大力气攻坚克难，特别是通过理论研究，带动对分散的红色文化资源的整体性、系统性整理，再挖掘、再利用、再阐释、再整合、再提升，从理论的张力和文化的魅力，实现两者的互证、融合，彰显理论自信、文化自信。

参考文献

［1］郑海祥．以社会主义核心价值观指导先进文化建设的实践路径［J］．中共成都市委党校学报，2012（1）：75－78.

［2］约瑟夫·奈特．美国定能领导世界吗？［M］．何小东，等译．北京：军事译文出版社，1992：160.

［3］李晓东．文化全球化与文化整合［M］．长沙：湖南人民出版社，2003：32.

［4］中共中央马克思恩格斯列宁斯大林著作编译局．马克思恩格斯全集：第46卷［M］．北京：人民出版社，2003：494.

［5］陈万柏．思想政治教育载体论［M］．武汉：湖北人民出版社，2003：143.

［6］刘云山．着力培育和践行社会主义核心价值观［J］．求是，2014（2）：3－6.

［7］吴忠．提升城市文化软实力的意义与路径选择［J］．学术界，2011（5）：28－36.

［8］闫翠玲，刘娟．文化多元化对大学生社会主义核心价值观教育的影响及对策［J］．高教学刊，2016（23）：230－231.

［9］唐凯麟．重视文化生态学研究，增强民族文化自信力［J］．湖南农业大学学报（社会科学版），2015，16（5）：1－3.

［10］郭建宁．中国文化强国战略［M］．北京：高等教育出版社，2012：34－35.

［11］云杉．文化自觉　文化自信　文化自强：对繁荣发展中国特色社会主义文化的思考（中）［J］．红旗文稿，2010（16）：4－8.

［12］关于培育和践行社会主义核心价值观的意见［N］．人民日报，2013－12－24（1）．

［13］约翰·杜威．民主主义与教育［M］．王承绪，译．北京：人民教育出版社，1990：70.

［14］肖一，纪宝成．高校是文化繁荣的生力军［N］．光明日报，2008－03－13.

［15］关于实施中华优秀传统文化传承发展工程的意见［N］．人民日报，2017－01－26（6）．

韶关红色文化资源融入高校思想政治教育路径研究

王　鹂

导　语　韶关红色文化继承和发展了民族文化，承载着党的先进思想和先烈的革命精神，是高校思想政治教育的优秀载体。然而，高校在将韶关红色文化资源融入大学生思想政治教育过程中，面临着思想“失重”、实践“失真”、课堂“失语”等问题。本文将从转变教育观念、更新教育方法、创新教育模式等三个维度，探讨韶关红色文化资源融入高校思想政治教育的有效路径。

党的十八大以来，习近平总书记多次强调，要把红色资源利用好、把红色传统发扬好、把红色基因传承好，这为开发利用红色文化资源、推进高校思想政治工作指明了方向。粤北地区是巩固和发展中央苏区的重要战略基地。作为中国近现代革命的重要策源地，有着丰富的红色文化资源。革命战争时期，从北江农民运动风起云涌，到广东农民暴动；从犁铺头“二十八字游击战方针”，到长征三道封锁线突破。这期间，有赤胆忠诚的赣粤边特委书记李乐天，有坚贞不屈的妇女主任邓如兰，有革命乐观主义精神的陈毅，有坚决维护民众利益的农运主席蔡卓文，有密切联系群众的仁化县委书记阮啸仙等革命先辈，他们践行舍生忘死、忠诚坚定、艰苦奋斗、一心为民的革命精神。在这片红色土壤上，革命先辈们留下了丰富的红色文化资源。据统计，韶关市红色革命遗址大普查中已发现的革命遗址共1 200余处，其中被省初步认定的省级红色革命遗址达502处，全省排名第三。韶关目前共收集红军历史文物1 120余件、红军历史文献50多万字。[1]可以说，每一段革命历史、每一处革命旧址、每一件历史文物、每一句诗词歌赋，都是一堂生动丰富的思政课程。

韶关红色文化继承和发展了民族文化，蕴含中国共产党的优良传统，承载着革命先烈的革命精神。红色文化资源的精神价值是高校进行思想政治教育的文化根基核心。研究红色文化资源，开展韶关红色文化资源融入高校思想政治教育全过程，既是落实习近平总书记“注重红色文化的传承与发展”重要指示的必然要求，也是贯彻党的教育方针，落实立德树人的根本任务。然而，高校在传承红色基因，发扬红色文化育人价值时，对韶关红色文化挖掘程度不深，未形成红色文化教育体系，面临着思想“失重”、实践“失真”、课堂“失语”等问题。本文将从转变教育观念、更新教育方法、创新教育模式等维度，探讨韶关红色文化资源融入高校思想政治教育的路径实现。

一、解放思想，转变教育观念

（一）树立资源观念

韶关红色文化资源是中国共产党带领广大人民在艰苦卓绝的革命斗争中孕育而成的文化资源，记录着中国共产党浴血奋战的革命历程，蕴含着中国共产党为人民谋幸福、为中华民族谋复兴的初心和使命，书写着中国共产党人的精神谱系，具有丰富的政治价值、文化价值和教育价值，是高校思想政治教育的重要优质资源。在将韶关红色文化资源融入高校思想政治教育全过程中，要激发学生学习热情，让学生从中国共产党的奋斗历程中汲取正能量，传承、发扬红色基因，让信仰根植于学生心中。将韶关红色文化资源融入高校思想政治教育全过程之中，一是要深度挖掘韶关红色文化资源，普查成果，摸清“红色家底”，让红色文化资源在学生群体中真正“亮相”起来。二是梳理韶关红色文化资源，挖掘深层次的教育价值。红色文化资源的价值在于育人，在培养担当民族复兴大任的时代新人的锻造过程之中，要求教师深入分析韶关红色文化的科学内涵，对红色文化资源进行系统性分析、研究，组织红色资料汇编，完善“红色家族”，形成系统的红色文化教育体系。三是实现教学体系转化为学生信仰体系。要求教师把握好韶关红色文化资源的教学体系，从历史和现实两个维度把韶关红色文化资源转化到教学知识体系中，向学生讲清楚道明白红色文化资源的育人价值，使之内化为学生的信仰体系，实现学生从理解到认同再到践行的教学全过程。

（二）树立时代观念

韶关红色文化资源产生于革命战争年代，作为跨时空的精神产物，在精神内核上具有历史传承性。在开展韶关红色文化资源融入高校思想政治教育全过程中，教师应树立“时代”观念。一是把握好红色文化深刻内涵及教育价值。在新时代的历史方位中，对于产生于革命战争时代的红色文化资源，教师要深刻剖析其内涵，挖掘其当代价值，发挥其育人价值。二是立足时代背景，创新传承方式和教育方法，让学生在“润物细无声”中接受韶关红色文化资源的熏陶，感受韶关红色文化资源的博大精深和深厚魅力，激发红色文化资源的内生动力和时代感，突出红色文化资源的时代价值，使韶关红色文化资源与构建社会主义现代化强国相结合，在新时代的历史条件下将其发扬光大和传承创新。三是具备善于捕捉时机的能力，能够结合新时代特征，优化育人氛围，做到因事而化、因时而进、因势而新，实现韶关红色文化资源的时代价值，切实提高思想政治教育实效性。教师可以抓住重大时间节点为坐标，深刻挖掘韶关红色文化资源内涵，积极创新融合高校思想政治教育模式，培养学生具有爱国情怀、社会责任、创新能力和实践能力，培育能担当民族复兴大任的时代新人，推进教育现代化，落实“培养什么样的人、如何培养人以及为谁培养人”的教育根本问题。

（三）树立主体性观念

当前高校开展韶关红色文化资源融入思想政治教育活动，强调教师的主导作用，忽视学生的个体性和主动性。教师满堂灌、单向灌输的情况比较普遍，缺乏学生主体性教学、翻转课堂等形式，师生之间未形成良好的互动关系，达不到良好的教育效果。因此，教师应树立学生“主体性”观念，充分尊重学生的主体性，激发学生内在的求知欲和探索精神，提高学生参与度和获得感，让教育教学成为学生自我建构的过程。这要求教师应做到以下三个方面：一是尊重学生主体性。尊重学生、信任学生、关爱学生，倡导自主教育、快乐教育、研究性教育等主体性教育模式，提高学生学习效率。二是提高个人素质。教师在开展韶关红色文化资源融入高校思想政治教育的过程中，需要不断提高个人知识水平和人格魅力，晓之以理、动之以情地引导学生，形成师生双方互动交流，提升学生有效接受能力。三是引导大学生自我教育。在开展韶关红色文化资源融入高校思想政治教育活动中，教师应从学生的实际需要出发，着重培养学生自我认知、自我控制和自我提高等能力，形成学生自我发展的长效机制，引导学生在学习和体验教育过程中不断深化对理论知识的理解与深化。

二、与时俱进，更新教育方法

“教学方法，是为完成教学任务，教师所采用的教的方法和在教师指导下学生所采用的学的方法的综合。”[2]高校在开展韶关红色文化资源融入思想政治教育过程中，教师应与时俱进，优化教育方法，提高高校思想政治教育效果。

（一）“讲授式”与“案例式”教学相结合

“讲授教学方法，是指教师运用口头语言并结合其他媒体工具，向学生系统地、全面地传授科学文化知识，发展学生智力和能力的一种教学方法。”[3] “讲授式”教学作为传统的教学方法，通俗化和直接性是讲授教学方法的优势。但是，“讲授式”教学在运用过程中存在一定缺陷：首先，易使学生产生“假知”现象。“讲授式”教学容易忽视学生独立思考能力，易使学生以“听”代替“思”，不能有效地将理论知识运用到解决实际问题上。其次，易使学生产生依赖和期待心理。“讲授式”教学易使学生在不自觉间对教师产生依赖心理，且这种依赖心理会削弱学生自主学习的主动性、独立性以及创造性的能力。为更好地促使高校将韶关红色文化资源融入思想政治教育过程中，教师可以将“讲授式”教学与“案例式”教学有机融合。教师在运用“案例式”教学时，讲授具体的红色案例，向学生展示革命战争年代韶关红色图片、视频等，还原革命情景，让学生身临其境，使学生在每个具体生动的红色案例之中加深对理论知识的理解和把握。教师采用“讲授式”教学与“案例式”教学有机融合方式，既能够让学生充分参与课堂教学活动，克服“讲授式”教学弊端，又能够加深学生对具体案例的主动参与，形成双向互动的教学模式，增强思想政治教育的说服力和感召力。另外，教师在将“讲授”与“案例”教学方法相结合时，应注意所选取的红色案例既要注重典型性和时效性，又要具有直观性和实践性以及情感性的渗入，以润物细无声的方式潜移默化地影响学生的情感、态度以及价值观。

（二）“展示式”与“演出式”教学相结合

“展示式”教学要求学生在课堂上通过各项展示活动，利用汇报、演讲、表演等方式将所学知识学以致用，从而加深对理论知识的理解以及实践能力的运用。高校在开展韶关红色文化资源融入思想政治教育过程中，将“演出式”与“展示式”教学相结合，会取得良好的教育效果。“演出式”教学方法是教师带领学生走出课堂，组织学生参与演出、观看演出，让学生成为教学主体参与者的重要方式之一。教师在开展“演出式”教学时，可以把韶关红色文化资源融入话剧、舞蹈、音乐、美术等形式之中，可以让艺术类的学生或者是具有艺术特长的学生参演话剧、舞蹈、音乐，创作美术、手工等作品，让学生积极参与其中并乐于其中。通过戏剧及小品比赛的形式将红色文化资源有效融入思想政治教育活动中，既可以给学生提供一个能够发挥创作潜能的舞台，又能够坚定学生的“四个自信”。

（三）“体验式”与“研究式”教学相结合

高校在开展韶关红色文化资源体验式教学活动过程中，学生在体验活动中感触较深，印象较深刻。然而，学生的感想和体会在体验结束后慢慢消淡，追其原因是“体验式”教学带有较浓的娱乐性色彩，学生缺乏对体验教学的思想交流和探讨。学生对韶关红色文化只是停留于感性认识，并没有达到情感的融合与思想的交流的程度。因此，教师在创设“体验式”教学时，应紧密结合“研究式”教学。“研究式”教学是在教师的指导下，学生发现问题并进行研究。将“体验式”与“研究式”教学方法相融合，结合教师的理论启发，有利于学生加深体验和研究过程，从而进行理性思考和分析，使之成为学生乐于践行的一种教学方式，做到寓教于乐，达到教学最佳成效。

三、勇于改革，创新教育模式

（一）渗透课堂教学，开展课堂融入模式

高校开展思想政治教育的主渠道和主阵地是课堂教学，韶关红色文化资源有机融合到高校思想政治教育教学活动中，应注意三个方面的把握。

一是把握好宏观融通，将韶关红色文化资源贯穿于高校思政课课程体系（含实践教学）环节；二是把握好中观融入，把握韶关红色文化融入每门思政课的主要内容和结合点；三是把握好微观融合，在每门思政课的专题讲授中精准融入，有效融合韶关红色文化。把握好三方面的融合之后，最为关键的环节就是实现体系转化问题，也就是如何实现由教学体系到学生信仰体系的转化。这就要求教师应深入挖掘韶关红色文化资源，积极开发韶关红色文化教学体系的校本教材，将韶关红色文化教育课程开发研究作为大学生思想政治教育的专项项目，扎实推进韶关红色文化资源进教材、进课堂、进学生头脑等三进工作，让学生全面、系统地接受韶关红色文化教育。

（二）发展校园文化，开展校园融入模式

校园文化是课堂教学的延伸，体现了整个学校的精神风貌，具有“育人”“化人”的功效。高校应该开发利用韶关红色文化，将韶关红色文化融入校园文化教育之中，达到教育的润物细无声。高校开展韶关红色文化融入校园文化时，可以在校园物质文化建设中融入红色文化的育人功能。比如，在校园雕塑上雕刻红色文化故事。同时，可以将韶关红色文化资源融入校园校风和学风之中。红色文化是中国共产党人政治本色和精神特质的集中体现，是建设中国特色社会主义核心价值体系的重要来源，是当代大学健康、向上、和谐的校风和学风所需要的重要教育资源。高校将韶关红色文化融入校风、学风建设之中，引导学生树立正确的世界观、人生观、价值观。另外，高校可以开展各种学术报告和学术交流活动，邀请知名史学学者和专家给学生开展“韶关红色文化教育”专题报告，设立专门研究韶关红色文化学术论坛等。

（三）联系生活实际，开展实践融入模式

实践教育模式是提升韶关红色文化融入大学生思想政治教育的重要环

节之一。高校在开展实践融入模式时需注意以下三方面：一是建立校内韶关红色文化学习实践教育基地。高校在开展实践教育活动时，主要是面向党员和优秀学生干部，大多数普通学生参与机会较少。基于此，高校可以通过建立韶关红色文化教育实践基地，让全校学生都能够接受红色教育，拓宽韶关红色文化教育资源，实现高校韶关红色文化教育资源的常态化和平等化。二是延伸韶关红色文化实践培育基地。高校应充分利用社会资源，加强与当地红色文化实践培育基地合作，拓展校外韶关红色文化实践教育基地，拓宽学生接受红色文化教育的渠道。三是选拔学生党员骨干成立韶关红色文化教育宣讲团。选拔学生骨干成立韶关红色文化宣讲团，大力支持宣讲团开展各项教育实践活动，发挥学生宣讲团在韶关红色文化资源实践教育中的桥梁和纽带作用。

（四）建立红色网站，开展网络融入模式

当前，随着网络的普及，网络已成为大学生获取信息和学习知识的重要渠道。高校在建立韶关红色网站，开展网络融入模式时，应注意以下三方面：一是把握学生的思想特征。在建立韶关红色文化网站过程中，教师要充分把握住大学生的思想需求，针对不同年级、不同专业学生特征，有针对性地开辟韶关红色网站内容，使之紧紧贴近学生思想和兴趣。二是丰富网站内容，提升网站吸引力。教师要在红色文化网站的深度和精度上下足功夫，使红色网站不仅具有知识性和思想性，还应具有生动性和深刻性，从而提高红色网站知名度。三是加强网站技能培训，培养高质量的管理人员。加强红色文化网站教师队伍培训，着重培养既具有思想政治教育的能力素质和理论素养，又能够熟练运用网络技术的高质量管理人员，使之成为韶关红色网站核心队伍。

参考文献

［1］刘启宇．传承红色基因 打造“红色韶关”［J］．思想政治工作研究，2021（2）．

［2］［3］张泰城，肖发生．红色资源与大学生思想政治教育［J］．教学与研究，2010（1）．

救亡·治学·育人：抗战时期坪石先师的使命担当——以王亚南先生为中心

赵燕玲

导　语　1938年广州沦陷前后，以中山大学为代表的华南地区部分院校内迁粤北坪石一带，一批知识分子也随之在此讲学，他们在艰苦的环境中弦歌不辍，为华南教育乃至中国教育的延续与发展做出了卓越贡献，被尊称为“坪石先师”。王亚南先生是坪石先师的杰出代表。1940—1944年，他在坪石中山大学任教，将救亡、治学、育人三者融于一身，体现了中国知识分子的使命担当。坪石先师的精神和风范，至今仍有现实意义。

抗日战争时期，以中山大学、岭南大学为代表的华南部分中、高等院校内迁韶关坪石等地，在艰苦的环境中坚持办学，对华南地区教育的传承和发展，有着重要的历史意义。在此期间，许多知名学者或在韶关地区任教，或作短期的学术讲座与交流，他们在特殊的历史时期坚守学术研究，传承家国情怀，体现了中国知识分子的使命和担当，被誉为“坪石先师（先生）”。王亚南先生就是其中一位主要代表。他于1940—1944年在坪石中山大学经济系任教，并担任系主任一职。坪石的四年，是王亚南先生作为知识分子自觉担负救亡、治学、育人使命职责的四年，在其学术生涯和教育生涯中占有重要地位。

一、救亡：对知识分子道德使命的自觉履行

抗战时期，中华民族面临生死存亡关头，“救亡”成为知识分子必须承载的道德使命。这不仅是对古代知识分子“为天地立心，为生民立命，为往圣继绝学，为万世开太平”使命意识和道德自觉的文化继承，也是近代以来中国知识分子救亡图存和思想启蒙使命的延续。它要求知识分子坚守家国情怀，反对投降分裂，葆有民族气节，传递精神力量。

抗战爆发后，为避免日本的奴化教育，各大高校和科研机构纷纷内迁，知识分子也踏上了艰难的迁徙之路。知识分子大规模的内迁活动，是知识分子抗战时期履行救亡使命的一种呈现方式。据中国著名社会学家孙本文先生的统计，当时高级知识分子十分之九以上、中等知识分子十分之五以上、低级知识分子十分之三以上参加了整个内迁过程。[1]他们筚路蓝缕，在艰苦的环境中坚守民族文化教育传承与发展使命，在中国现代知识分子发展史上留下了光辉的一页。

抗战爆发后，华南地区高校也遭到了日军的疯狂破坏。1938 年 10 月，广州沦陷，中山大学等院校也开始辗转内迁，一大批华南知识分子开始了颠沛流离的征程。中山大学先迁罗定，再迁云南澄江。历时 100 多天，行程 1 万余里，个中艰辛，在时任中大图书馆长杜定友先生的《西行志序》中可见一斑：“交通：步行、滑竿、骑马、公共汽车、自用汽车、货车、火车、木船、太古船、邮船、飞机；饮食：餐风、干粮、面摊、粉馆、茶楼、酒店、中菜、西餐、甜酸苦辣；起居：宿雨、泥屋、古庙、民房、学校、衙门、客栈、旅店、地铺、帆布床、木床、铁床、钢床、头二三四等大舱、天堂地狱。”[2]1940 年 7 月，云南告急，中大三迁粤北坪石。迁校初期，校长许崇清打算把中大做成“与桂林遥相呼应”文化运动的另一个基地，特邀一批进步教授到中大讲学。王亚南先生即在受邀之列。

王亚南是中国马克思主义经济学的主要奠基人，1938 年他和郭大力耗

费10年心血的《资本论》全三卷中文译本出版面世，在经济学界引起了很大的轰动。作为中国马克思主义经济学的奠基人，王亚南一生都在研究和宣传马克思主义，他痛恨帝国主义对近代中国的侵略和压迫，渴望国家实现独立富强。"九一八"事变后，他毅然结束在日本的留学生活，回国积极投身于抗日救亡活动。1932年日军在上海发动"一·二八"事变，他加入上海"中国著作家抗日会"，支持、慰问淞沪抗战的十九路军前线将士。1933年11月，他参加李济深、蒋光鼐、蔡廷锴等十九路军将领在福州发动的反蒋抗日的"福建事变"，出任福建人民政府文教委员和《人民日报》社社长。全面抗战爆发后，他辗转上海、武汉等地。在武汉，他出任国共合作机构——国民政府军委政治部设计委员会委员，在周恩来的直接领导之下，开展抗日救亡活动。武汉沦陷后，他又辗转来到重庆，1940年9月，受许崇清亲邀前往坪石，任中山大学经济系教授兼系主任。

王亚南是一个思想进步的知识分子，也是"与社会的火热斗争息息相关的政治活动家"[3]，他在抗战时期的爱国救亡活动，一是开展抗战宣传，二是发挥专业所长，以经济学家的身份，用马克思主义经济学理论，分析抗战时期的经济形势和经济政策，为抗战建言献策。福建事变后，他连发《伟大的革命战斗开幕》《革命战斗开幕之后》《国际和平空气笼罩下的中国战斗》等社论，指出福建事变的正义性，强调事变是"整个中国革命民众，对一切帝国主义者特别是日本帝国主义者发动的反帝斗争的扩大"，是"解放中国者与出卖中国者的战争"，号召"每个有挽救中国危亡之决心的志士仁人"参加战争，"担负起战争中的革命任务"；[4]在日本改变对华策略，采用"政治诱降"为主之时，他敏锐地认识到问题的本质，发表《打击敌人的外交阴谋》一文，坚决反对投降，支持"持久战略"，指出："以'持久抗战'答复敌人的'速战速决'是中国此次对日战争的指导原则，是中华民族当前争取生存的最高原则，在敌人侵略军队不扫数退离中国领土的限内，一切中途调解妥协的运动，都是为敌人运动，都是反民族运动，都是汉奸运动。"[5]在坪石期间，他继续宣传抗日，并把重点转向对经济形势和经济政策的分析，先后发表《政治经济学在中国》（1941 年），《世界战争与世界经济》《当前的物价与物价管制问题》《战时经济的重要性及中国战时经济政策》《今年经济的展望》（1943 年），《抗战七周年来的经验与教训》（1944 年）等文章，针砭时弊，建言立说。如在《今年经济的展望》一文中，针对抗战时期物价飞涨问题对老百姓生活带来的影响，王亚南一方面用马克思主义经济理论客观分析物价飞涨的原因，痛斥上层集团的奢侈腐朽；另一方面要求政府克服重重困难，从根本上重视民生，“推行民生主义经济政策，改造中国的经济，始能使当前的经济问题，得到有效而彻底的解决”，并满怀“民族的热情”将 1943 年视为中国“经济改造年”。[6]他的这些立论和分析，专业具体，给艰苦抗战中的人们带来了希望，也进一步宣传了马克思主义理论，在社会上产生广泛影响。

二、治学：抗战不忘学术，学术为了救国

抗战不忘学术，学术唯以救国，是抗战时期知识分子的文化使命。

何谓知识分子？学界定义不一，但基本的共识是，知识分子是现代社会中受过良好教育、不以手艺或劳力为职业的一个阶层，包括教师、学者、作家、艺术家、科学家等。其中，高校教师和学者是近代中国知识分子的主体。潜心学术，以知识服务于社会，是知识分子的“本业”。

抗战不唯需要斗争、需要牺牲，更需要学术（科学），在当时许多知识分子看来，学术是救国的支撑，是战后重建的基础。时任西南大学教授的贺麟说：“我们抗战的真正最后胜利，必是学术文化的胜利”，“一个民族的复兴，即是那一民族文化的复兴，一个国家的建国，本质上也必是一个创进的学术文化的建国。抗战不忘学术，庶不仅是五分钟热血的抗战，而是理智支持情感、学术锻炼意志的长期抗战。学术不忘抗战，庶不致是死气沉沉的学术，而是担负民族使命、建立自由国家，洋溢着精神力量的学术”[7]。正是基于这样的认识，内迁的知识分子把报效国家的抗日热情

化为扎实的学术研究，尽管条件艰苦，但他们孜孜不倦，在学术研究的领域中辛勤耕耘。美国著名汉学家费正清在昆明和重庆看望梁思成、金岳霖等人后，曾慨然说："依我设想，如果美国人处在此种境遇，也许早就抛弃书本，另谋门道，改善生活去了。但是这个曾经接受过高度训练的中国知识界，一面接受了原始纯朴的农民生活，一面继续致力于他们的学术研究事业。学者所承担的社会职责，已根深蒂固地渗透在社会结构和对个人前途的期望中间了。"[8]正是因为这些知识分子的坚守，中国学术并没有因战争而中断，许多后来在学术上享有盛誉的成果，就是在这一时期产生的。这些成果不仅使中国的优秀文化得以传承，而且也提高了中国学者的国际声望，为中国的抗战赢得了国际支持。

作为知识分子，王亚南潜心治学的精神是学界公认的，"三角床"和"绑在柱子上读书"的故事早已成为他刻苦研学的标签。坪石期间，王亚南虽身居陋室，仍笔耕不辍，据朱立文先生所撰《王亚南著译系年目录》统计，1940—1944 年四年时间中，王亚南先后出版著作 3 部，发表论文、报告等 19 篇。[9]可以说，这四年时间，是王亚南学术研究取得重要成果的时期。

其一，学术思想体系的形成。王亚南自认其经济理论体系的形成是在中山大学时期。他在《致中山大学经济系同学一封公开信》中，高度评价中大独立探索的学术传统对自己学术研究的影响："中大，特别是中大同学同事所给予我研究上的益助，我是再也不会忘却的。我到中大以前，虽然也出版了一些有关经济学方面的东西，但用我自己的思想，自己的文句，自己的写作方法，建立起我自己的经济理论体系，并依据这个体系，把它伸展延拓到一切社会科学的领域，特别是展拓到社会史领域——这个企图和尝试不论达到了什么程度，却显然是到了中大以后开始的……我念念不忘中大和中大经济系，在我自己一方面，并非因为我在那里留下了什么，而纯是因为我从那里获得了一些我前此不曾获得的东西。"[10]

其二，《中国经济学原论》和《中国官僚政治研究》的产生和缘起。

《中国经济学原论》和《中国官僚政治研究》是王亚南的主要学术代表作。前者在1998年被评为“影响新中国经济建设的10本经济学著作之一”，后者堪称中国官僚政治研究的经典之作，这两部著作的构思和撰写雏形，是在坪石时期形成的。

1940年王亚南受聘于中大经济系后，主讲“高等经济学”课程，为突出“高等”特点，他特意选用李嘉图的《政治经济学及赋税之原理》作为教材，但很快发现所讲内容与现实相距甚远，学生不感兴趣，于是他结合同时讲授的“经济学”“中国经济史”“经济思想史”等课程，将西方经济学理论与中国社会经济发展历史与现状相结合，编出“一个站在中国人立场上来研究经济学的政治经济学课程纲要”[11]，1946年，他将讲义与教程整理后出版，此即后来享誉学界、影响至深的《中国经济学原论》。

《中国官僚政治研究》虽出版于1948年，但缘起却是1943年坪石任教时期与英国著名学者李约瑟的谈话。关于此，王亚南先生在《中国官僚政治研究》序言中已说明得非常清楚，成为学术史上众知的一段佳话，本文不再赘述。虽然研究的缘起有些偶然，但王亚南深刻地认识到研究这一问题的重要性：“官僚资本与官僚政治的密切关系是非常明白的。有关官僚资本的研究，处处都要求我进一步对官僚政治作一科学的说明”[12]，从1943年起，他在《时与文》杂志上连续发表了17篇论文，这些论文于1948年整理出版，命名为《中国官僚政治研究》。该书一经出版，即引起极大反响，成为中国官僚政治问题研究的经典之作。20世纪80年代，某省领导即将赴任，临行前拜访著名经济学家于光远先生，请其推荐几本书，于先生告诉他，把王亚南的《中国官僚政治研究》带去就够了。由此可见本书的价值与影响。

三、育人：青年学业进步和思想进步的引路人

高校教师是近代中国知识分子的主体。“古来学者必有师”，教师的根

本职责在于“育人”。

20世纪以来，中国教育的发展，始终面临着政治救亡与思想启蒙的双重使命。批判旧文化，传播新知识，宣传民主科学，塑造健全人格，培养民族精神，是新文化运动以来中国知识分子培养人才的主要内容。他们不仅是学生的学业导师，更是学生人生成长的引路人。

抗战爆发后，师生共赴国难，师生之间建立了更为紧密的情感，知识分子的学术能力和道德品质对学生的影响作用更为彰显。时代呼唤“良师”，“良师”也造就了特殊时代的教育发展。王亚南就是这个时代的“良师”。

王亚南是我国现代著名的教育学家。他认为，教育问题不是孤立存在的，教育制度本身是作为一定的社会经济结构的上层派生物而产生的，教育制度、教育思想的变革，都要依赖于社会经济的基本变革。[13]他提出现代教育要以科学教育与民主教育为核心，主张社会科学与自然科学的教育并重。抗战时期，面对国民党的文化专制主义，他大力倡导学术研究自由，经常鼓励学生自己学习和自己研究。他赞誉中大人“自己研究”“自己学习”的传统与学风，在讲课中，他不生搬硬套，而是结合实际，对学生的自学进行启发和指导。他不屑于在课堂上拿一本美国或英国大学的经济学教本照本宣科，批评那是“以其昏昏，使人昭昭”的“敷衍的偷懒方法”。[14]坪石时期，他根据学生的学习实际，自编教材，还经常主动为学生答疑解惑。据学生陈其人回忆，他的住所与经济系所在地有一江之隔，为给学生上课和答疑，他要上下山岗，还要过江，颇为费时费力，有时还要深夜往返，但他乐此不彼。答疑后，他会根据学生提出的问题和答疑情况调整教学内容。他的《中国经济学原论》等著述，就是在不断解决质疑问难过程中产生的。

王亚南不仅是学生的学业导师，更是引领学生追求进步的人生导师。他讲中国地主经济特征问题时，结合北伐战争时期对农民实行“二五减租”政策的失败，让学生同情农民，同情革命，他的讲课，特别富有感染力，很受学生欢迎。当时在经济系所属的法学院，逐渐形成了以王亚南为中心的学术自由的小天地。有个学生写了一篇《法西斯细菌在中山大学》的文章，批评某位教授“为法西斯辩护”的政治观点，引发了师生之间的冲突。法学院的院长试图平息风波，但“他的世界观简直和王亚南不能比，更不用说学术地位了”，学生对他非常反感，事件最后在王亚南的帮助下平息了，他“逐渐成为青年教师和学生的权威，追随他的人就越来越多了”。[15]据西北大学经济管理学院院长何炼成教授的回忆，1947 年他就读的武汉大学，全班有 24 人，有 12 人参加了地下党，其中就是受了王亚南及其《中国经济学原论》的影响。[16]

不独王亚南，抗战时期，各地英才汇聚坪石，讲学不辍，不仅保存了华南教育的实力，也使原本教育比较落后的粤北地区迎来了教育事业大发展的转机。先师们在极为艰苦的环境中，为我们树立了不负使命、山高水长的高尚风范。他们当中，有临危受命、清风亮节的中大校长许崇清，有中国近代土壤学先驱和农业教育学家邓植仪，有爱国爱乡的著名音乐家马思聪，有坚辞日人之聘、坚守独立治学精神的史学大师陈寅恪，有全心全意关爱学生、致力学术的爱国教育家冼玉清……这些先生的可贵品质和事迹，已不是一篇文章所能叙述的，他们的精神和风范，至今仍有现实意义，值得我们继承和发扬。

（原载《韶关学院学报》2021 年第 8 期，收入本书略有修改）

参考文献

［1］孙本文．现代中国社会问题：第二册［M］．上海：商务印书馆，1946：261.

［2］梁山，等．中山大学校史：1924—1949［M］．上海：上海教育出版社，1983：98.

［3］周元良，胡培兆．王亚南传略［J］．晋阳学刊，1980（3）：81－85.

[4] 潘群．福州新闻史略［M］．福州：福建人民出版社，2005：66.

[5] 邹韬奋．抗战总动员［M］．［出版地不详］：战时出版社，［出版年不详］：80.

[6][10][11][14] 林间．霜叶红于二月花：王亚南随笔、书信集［M］．厦门：厦门大学出版社，2020：111，167，169，228，229.

[7] 贺麟．文化与人生［M］．北京：商务印书馆，1996：20，22.

[8] 智效民，等．抗日战争中的中国知识分子［J］．民主与科学，2005（4）：9.

[9] 朱立文．王亚南著译系年目录［J］．中国经济问题，1981（5）：69－81.

[12] 王亚南．中国官僚政治研究［M］．北京：商务印书馆，2010：2.

[13] 王亚南．王亚南文集：第5卷：文化与教育［M］．福州：福建教育出版社，1988：222.

[15] 陈其人．王亚南在中山大学及其百科全书［J］．中国经济问题，2009（3）：66－80.

[16] 陈克俭．王亚南对创建中国经济学的历史性贡献及其启示：纪念王亚南诞辰100周年［J］．东南学术，2002（1）：93－99.

国士之风　踔厉前行
——“坪石先师”许崇清的韶关时光[①]

赵燕玲

导　语　许崇清是我国现代著名教育家和教育哲学家。抗战时期他曾辗转于粤北韶关、坪石、连县一带。其间，他出任中山大学代理校长，将中山大学由云南澄江迁至粤北坪石，营造开明进步的中大学风，推进孙中山研究工作的开展，对华南教育的延续和发展贡献至深；他还担任第七战区编纂委员会主任委员，主持编纂进步刊物；他在艰苦的环境中，秉承学人本色，刚正儒雅、志高品洁，是“坪石先师”的杰出代表。

许崇清（1888—1969），被誉为我国“辩证唯物主义哲学奠基人”“新中国高等教育的开拓者”，曾三次出任中山大学校长，多次主持广东省教育工作。抗战爆发后，许崇清于1938年10月至1945年10月间，辗转于粤北韶关、坪石、连县一带，于烽火中兴学，在困顿中研究，对华南教育事业的延续与发展、对抗战进步文化的推进贡献至深。他胸怀家国、刚正儒雅、志高品洁的国士风范，被视为中国知识分子的典范。

① 基金资助：韶关学院科研专项“抗战时期坪石先师的使命与担当——以王亚南先生为中心”（项目编号：S2019SKZX02）、2020年广东省高等教育教学改革项目“挖掘和运用粤北华南教育历史资源构建高校思政育人‘五个体系’研究”（项目编号：528）。

一、长校中大，蔚为国光

在中山大学的发展史上，许崇清的贡献是独特的。他亲自参与了这所大学的筹建工作，并三次担任校长。20 世纪 50 年代，中大副校长、党委书记冯乃超曾说："中山大学是应该同许崇清的名字联系在一起的。"[1] 中山大学教授梁方仲、王正宪等先生也感慨地说："以前都说是蔡元培，应该是北蔡南许，北边是蔡，南边是许。"[2] 把许崇清与蔡元培并提，可见对其尊敬之情。

许崇清第一次担任中山大学校长是在 1931 年 6 月。1932 年 2 月，他因同情和支持爱国学生运动而被免职。任期虽短，但他对中大进行了院系调整与扩充，使中山大学的学科设置不断完善，为中大成为国内乃至国际上的知名高校打下基础。

1940 年 4 月，许崇清再度执掌中大。此时的中大已迁至云南澄江，面临着外部恶劣环境及内部派系激烈斗争的困扰，严重影响着教学工作的进行。在此背景下，许崇清被重庆政府教育部任命为中大代理校长（名义上是邹鲁），显现出在中大师生中的崇高声望。掌校期间，许崇清主要做了如下工作：

其一，主持迁校，烽火兴学。许崇清出任校长后，首要任务是组织迁校工作。澄江地处边陲，师生面临校舍简陋、衣食匮乏、疾疫流行的困顿局面，他们渴望回迁，广东地方实力派要求中大回迁粤北（此时粤北韶关已成战时省会），加之 1940 年 7 月，日军进逼越南，威胁云南边境，重庆政府电令所有迁往云南的大学做好迅速搬迁准备。在此背景下，中大回迁工作被提到了议事日程。为使学校顺利回迁，许崇清主要做了三项工作：

第一，成立迁校委员会及新校址筹备处，负责迁校运输、学校选址、校舍建设等事务。

第二，多方筹措迁校经费及解决运输车辆问题。无论从哪个方面看，中大的这次搬迁都是繁重而浩大的工程，都是对校方组织能力和应变能力的巨大考验。1939 年 2 月中大迁至澄江时，教职员工为 245 人（校本部人员未计在内），学生 1 736 人[3]，至搬迁前，教职员工应在 2 000 人以上，各类教学器材及图书资料的搬迁则更为困难。中大搬迁前装箱的图书，“总馆有 344 箱，分馆有 433 箱，从澄江搬迁粤北，两年时间共运出图书 393 箱，共 31 799 册，留在澄江待运图书 384 箱”[4]。如此大的工程，需要庞大的经费支持和一定的车辆运输保障。事实上，早在重庆政府迁校命令下达之前，许崇清就找到当时的教育部部长陈立夫，请求给予迁校经费资助，但未果。迁校令下达后，在许崇清等人的多方努力下，中大获得 70 万元的搬迁费用，其中，教育部拨款 40 万元，广东省资助 30 万元。此外，许崇清利用个人声望与关系，获国民党第七战区指挥官余汉谋派出军车解决搬迁运输问题，解决了搬迁工作的大难题。

第三，亲赴澄江，话别各界，安定人心。在澄江，许崇清代表学校发表了《告澄江民众书》，由衷感谢澄江各界对中大办学的大力支持，使中大师生于“故乡沦陷之后，仓惶迁徙之秋，不致托足无方，尚能安居研读，幸何为之!”另外，也叙述了中大师生在交通、教育、防疫、医疗等方面对澄江民众的一些帮助，表达将秉承艰苦奋斗之精神，努力兴学，“使救国工作，更易发生效力”，“以冀无负我澄江父老兄弟之属望”[5]的决心。别离之情、拳拳之心，跃然于上，在中大师生和澄江各界中引起很大反响。这篇告别词被镌刻在澄江孔庙亭台东的墨石碑上，成为“澄江第一景”。石碑立好后，许崇清还曾请人拍照带回广东，[6]成为中大澄江办学的珍贵资料。

在许崇清的主持下，1940 年 8 月，中大各院系陆续迁往粤北坪石，至 12 月全部迁完，开启了“烽火兴学”的新征程。“这次搬迁，是中山大学一段相当重要的校史，而许崇清做出了杰出的贡献。”[7]

其二，开明进步，营造战时中大学术春天。在中国大学的办学历史上，中山大学是有独特地位的。作为孙中山先生亲自创办的现代大学，在多年的办学实践中，中大逐步形成了“科学、民主、求实、务新、包容”的文化传统和“革命性、科学性、开放性”的办学传统[8]。许崇清是中山大学的筹建者之一，20 世纪 20 年代，曾长期担任广东省教育厅厅长一职，后又担任中山大学校长，他对中大的文化传统和办学传统是有突出贡献的。1927 年 3 月，他在中大开学典礼上发表讲话，强调大学是一个研究的团体，要求中大的学生重视研究发明，“要以研究发明为宗旨，抱着这个宗旨来重新教育自己”，要拥有独立的判断能力，“自己教育自己”，“在革命文化的征途中前进”。[9]

回迁粤北后，许崇清对中大的发展寄予极大的希望。他强调中大为“国父首创，为三民主义之学府”，希望使中大成为“世界上最光荣之学府”，成为战时与桂林遥相呼应的文化运动基地。他要求中大学生“恪守校规，服从命令，敬重师长，师爱同学，一德一心，以共立此修身之大本而达成本大学之使命”，[10]并聘请了一批进步教授到中大讲学，包括马克思主义经济学家、《资本论》的翻译者王亚南，中国共产党成立的发起人之一、哲学家李达，中共地下党员、法学家梅龚彬，左翼作家、戏剧家洪深等，还聘请著名教育家、广西大学前校长雷沛鸿，广东文理学院前院长林砺儒担任研究院导师，他自己则亲自兼任研究院院长，并在研究院讲授辩证唯物主义与历史唯物主义。这批进步学者的到来，形成了战时中大进步开明的学术风气，提高了中山大学在全国的学术影响力。可以说，坪石的生活条件虽然艰苦，但在许崇清的主持之下，中大师生乐观向上，积极进取，坚定民族信念，赓续中大传统，迎来了办学规模和教学质量的稳定发展，迎来了战时中大“短暂而繁荣的学术春天”[11]。

其三，崇敬伟人，推动“孙中山研究”工作的开展。许崇清和孙中山有着非常深厚的渊源。许崇清出身于著名的广州高第街许氏家族，其兄许崇灏、许崇济及堂兄许崇智是孙中山革命活动所倚重的重要力量，人称“许氏三杰”，故而许崇清对孙中山并不陌生，他对孙中山所从事的革命活动非常敬佩。1920 年 8 月，许崇清从日本东京帝国大学毕业，在上海第一次见到了他景仰的孙中山先生，随后辞去了蔡元培北大任教的邀约，回到广州，在南方革命政权中任职，1923 年更被孙中山任命为广东省教育厅厅长，出任国民党临时中央执行委员会候补委员，成为国民党决策人员之一，有更多机会接触到孙中山。他在《我所认识的孙中山先生》一文中说："我常常带着崇敬和感激的心情回忆孙中山先生。我曾经是一个受过孙先生亲切的培养和教育的青年，在追随孙先生的短短的几年中，我深切地感觉到这位伟大的民主主义革命家对青年的爱护"，"深深体会到孙先生一生为中国人民的革命事业而奋斗的伟大精神与伟大人格，最值得我们敬佩的，是孙先生那种顺从世界革命潮流、永不停止前进的精神"。[12] 同时，许崇清也敏锐地认识到孙中山先生的思想和学说被人有意篡改，为纪念伟人，弘扬先生精神，传承先生思想，他积极推动孙中山研究工作的开展。1941 年元旦，他在《新建设》上发表《新年头的一个新贡献——中山文献馆的设置》一文，提议由中山大学牵头，收集孙中山先生的遗教、手译以及相关中外人士的著述和研究成果，建立中山文献馆，以便后学参考研究。许崇清的提议和推动，为后来中大"孙中山研究"工作的开展及在全国研究的领先地位奠定了基础。

许崇清第二次执掌中大的时间并不长，1941 年 7 月，重庆政府教育部以"引用异党，危害中大"为名，免去了其代理校长一职。人虽去职，但他营造的开明进步学风一直影响着中大。

二、学人本色，研究不辍

20 世纪 20 年代，许崇清曾短暂从政，还一度成为国民党高层决策人员。但许崇清本质上是一个知识分子，中国知识分子"崇正树德、清风亮节"的高尚品质，在他身上体现得尤为明显。

许崇清早年留学日本，在东京帝国大学学习教育学和哲学。求学时期，他就形成了独立思考、探求真知的学人气质。1917 年，不到 30 岁的他，发表了《批判蔡孑民在信仰自由会之演说并发表吾对于孔教问题之意见》及《再批判蔡孑民先生信教自由会演说之订正文并质问蔡先生》两文，与早以蜚声中外的教育家蔡元培论战，也由此得到了蔡元培的赏识。

抗战时期，许崇清在担任行政工作之余，也坚持研究，笔耕不辍。据许崇清之子、中山大学教授许锡挥所编《许崇清文集》载，自 1939 年至 1945 年抗战结束，许崇清先后发表如下文章：

序号	篇名	发表时间
1	《“学术中国化”与唯物辩证法》	1939 年
2	《〈教育新时代〉创刊词》	1940 年
3	《民族自由与文化建设》	1940 年
4	《中国当前的科学思想》	1941 年
5	《所谓“社会底教育作用”其实是人类底社会的实践活动底自己发展自己学习》	1941 年
6	《不懂得唯物辩证法就真的无法开展科学运动么?》	1941 年
7	《学园新辟告年青朋友们》	1942 年
8	《教育即生长说批判》	1942 年
9	《杜威社会改造思想批判》	1942 年

这些文章，大致可以分为两类：一类是关于中国文化和科学发展方向问题，一类是相关教育理论问题的研究。

自近代以来，学界在中国文化的发展方向上，“传统”与“西化”的观点争论不绝。许崇清在《“学术中国化”与唯物辩证法》一文中，批判了学界在“学术中国化”研究问题上的形式主义与形而上学的观念，批判了割裂历史、忽视具体对象的所谓“纯理论”研究方法，分析了中国学术停滞不前的历史缘由，指出：“在推动着新社会建设的过程中，不论前代留下，或外国输入的什么学术，都应该因应着这个过程的现实，加以批判的摄取、改造，使它效用于新社会的建设，得着现实的保证而成为新学术体系的内容要素”[13]，强调学术研究要服务于“新社会的建设”，无论是对本国的学术传统，还是外来的学术，都要“扬弃”，要批判地吸收。他在《民族自由与文化建设》《中国当前的科学思想》《学园新辟告年青朋友们》等文中，也多次论及中国文化建设与科学发展问题。他指出：“民族文化的自由建设，乃至世界文化的自由发展。只有在各民族均能自由自主的发挥各自的创造能力的民族的形式上才能实现”[14]，强调中国的民族文化建设，首先要取得民族独立，鼓励青年“以坚定和强干的实践”，“站在时代前头、披荆斩棘”建设理想的新文化。[15]

作为一个教育家，许崇清着力最多的是对教育本质的探讨。粤北时期，他在教育理论方面的研究，主要是对美国教育哲学家杜威教育理论的批判。杜威的实用主义理论在二十世纪二三十年代风靡中国，影响了包括胡适、陶行知等在内的一大批知名学者和教育家。对此，许崇清在 1941 年和 1942 年，分别撰文《所谓“社会底教育作用”其实是人类底社会的实践活动底自己发展自己学习》《教育即生长说批判》及《杜威社会改造思想批判》，批判了杜威的实用主义理论，明确提出“社会底教育作用，其实是人类底社会的实践活动底自己发展、自己学习”的观点[16]，显现出他一以贯之的不惧权威、探求真知的学者风范，并为其在 20 世纪 50 年代“人的全面发展是社会主义的国家任务”教育思想的提出奠定了学术基础。

三、编纂进步刊物，青年引路明灯

抗战时期，许崇清的另一身份是国民党第七战区编纂委员会主任委员。1938 年 10 月广州沦陷后，韶关成为战时省会，一时人才荟萃，迎来了韶关文化的快速发展时期。1939 年，在文化界进步人士的建议下，第四战区成立了编纂委员会，许崇清任编委会主任委员，1940 年第四战区改为第七战区，编委会也随之更名。

从 1939 年编委会成立，到 1944 年底编委会被裁撤，许崇清一直担任主任委员。编委会的成立目的，是应当时进步人士的要求，“借战时省会韶关的中心地位，促进广东省文化事业的发展，以利于坚持抗战，争取抗战最后胜利”[17]。当时在国共合作抗日的大背景下，一批中共地下党员得以进入军政部门工作。编委会里也有许多中共党员。据中山大学老校长、时任编委会编辑兼资料室主任黄焕秋（中共地下党员）回忆，编委会 20 多人中，“中共地下党员和进步分子约占百分之五十以上”。他这样评价许崇清和编委会地下党的关系：“当年我们党和许老之间，形成相互支持、相互依靠的关系。”[18]当时，国民党控制的第四战区政治部也想插手编委会，斗争激烈，在此背景下，许崇清利用合法身份及他与广东地方实力派余汉谋、李汉魂等人的关系，掩护中共地下党员，保证了编委会的进步性质。

编委会存续的五年时间里，编辑出版了《新建设》《教育新时代》《学园》《阵中文汇》等进步刊物，这些刊物面向青年学生、知识分子甚至国民党官兵，刊登了一批进步学者如王亚南、梅龚彬等人的文章，许崇清更是亲自撰文，以积极而科学的态度宣传马克思主义教育理论和哲学思想，鼓励青年坚守家国情怀，坚定抗战信心，脚踏实地，勤于思考，善于学习，站在时代的前头，做新文化建设的开路先锋。这些刊物，在粤北、湘南乃至广西、江西一带都有较大的影响，中大钟敬文教授称它们是“浓黑中的几盏灯火”[19]，引领青年学子追求进步、探求真理。

1944 年底，日军进攻粤北，许崇清撤退至连县山区，坪石沦陷后，中大在连县设立了一个分教处，条件极为艰苦。许崇清作为教授，“在自己的临时住所里，用床板当桌子”[20]，坚持教学，直至抗战胜利。

许崇清是一位杰出的教育家，更是一位刚正儒雅、品行高尚的知识分子，他的清风亮节，是世人公认、奉为典范的。他曾身居高层，也曾遭遇排挤，无论身居何境，他都能宠辱不惊，淡然处之。在烽火峥嵘的岁月里，他恪守着知识分子的道德与使命，坚定、从容、开明、进步，他的名字，不仅是和中山大学相连的，也是和中国现代教育事业相连的，是和中国历史上的优秀知识分子相连的。

参考文献

[1][13][14][15][16][20] 许锡挥．许崇清文集［M］．广州：中山大学出版社，2004：前言，6，212，218，230，239.

[2] 李欣蔚，陈嘉苓，孙博．情系中大二十载　魂牵教育毕生愿［M］//黄悦．崇正树德　清风亮节：纪念教育家许崇清．广州：广东人民出版社，2013：147.

[3] 梁山，李坚，张克谟．中山大学校史：1924—1949［M］．上海：上海教育出版社，1983：101.

[4][6][8] 吴定宇．中山大学校史：1924—2004［M］．广州：中山大学出版社，2006：3，83，176.

[5] 国立中山大学离瀫话别会．骊歌（1940－08－13）［EB/OL］．http：//hnyxlib. sgu. edu. cn/.

[7][11] 张荣芳．许崇清校长的孙中山情怀［M］//黄悦．崇正树德　清风亮节：纪念教育家许崇清．广州：广东人民出版社，2013：106.

[9][10] 易汉文．金声玉振：名人在中山大学演讲录［M］．广州：中山大学出版社，2004：38.

[12] 许崇清．我所认识的孙中山先生［M］//黄悦．崇正树德　清风亮节：纪念教育家许崇清．广州：广东人民出版社，2013：287.

[17][18][19] 黄焕秋．许崇清和七战区编纂委员会［J］．广东党史，2006（4）：19－22.

浅析抗战时迁韶学校广大师生与当地村民百姓的情

周小玲

导　语　从哲理角度分析"情在理先""由情入理""合情合理"之间层次上的递进关系，展现"抗战时迁韶学校广大师生与当地村民百姓的情"出现的必然性且为"由情入理""合情合理""情理交融"的深厚情谊的因果关系及其延伸意义作铺垫。

从哲理角度分析，情通常是指由感官引发的特定心理状态。理是物质本身的纹路、层次，客观事物本身的次序，通常在延伸意义上被使用，指规则、道理。"情"和"理"都建立在人"有思想、会思考"这种属性基础上。情对人及人类社会都有特殊意义。

首先，从产生及起源上看，在人们的思考顺序中，在认识某一事物时，感性总是直接反应。情贯穿于人类及社会发展的始终，并且人和人之间很多情感是共通的。人类发展过程中所总结的理性认识，是在感性认识（例如好奇的驱使）的积累下而产生。在逻辑顺序上，"理"是"情"的集中表现，是情的总结、归纳和提升。其次，在社会发展及变革中，情是源动力。正是人类情感的释放，才造就了人类光辉灿烂的文化。最后，从人类发展的目标来看，情是理的出发点和最终归宿。在情和理并不矛盾的时候，大家以理为准。在一件情和理矛盾冲突的事情上，情感共鸣会左右理的执行（例如导致简单化、极端化判断，对不合理现象的姑息、纵容）。情的改变往往导致理也随之改变。情理的最终指向都是人类社会美好未来。情与理在大多数情况下是一致的。理愈明，情愈浓。提倡理智，是为了不被情左右，是为了对事物的认识不停止在感情冲动上。一个健康向上的社会必然是情理并重的，二者不能有任何的偏颇或缺失。在对待情和理的关系上，本身就应该有一个理性的态度。

就“抗战时迁韶学校广大师生与当地村民百姓的情”这一主题而言，抗战时迁韶学校广大师生与当地村民百姓的深厚情谊因何而起、有何表现、在当代如何延续，是由“情”入“理”并逐渐走向“合情合理”与“情理交融”的必然要求。

一、由情入理：抗战时迁韶学校广大师生与当地村民百姓因地域特殊、机缘巧合、文化同源而产生深厚情谊

第一，促使中山大学等华南学府选定粤北作为校址，首先是因为门类齐全的教育教学资源、相对安全稳定的地理位置，为中山大学确定粤北为迁徙校址奠定了初步情感基础。

从 1938 年 10 月至 1945 年 10 月，中山大学颠沛流离，几度迁徙，三易校址：先迁云南，复迁粤北，三迁粤东。选择韶关作为校址是特殊地域便于建校办学的必然结果。

广东是岭南文化发源地，韶关是岭南不可分割的组成部分，深受岭南文化的长期熏陶；既是岭南重镇，也是广东历史文化名城。韶关有丰富的有色金属资源，自然生态系统独特，生态链完善，森林资源居广东首位，是全国重点林区、珠江三角洲的生态屏障、华南生物基因库。矿产和水力资源丰富，是广东重要电力输出地。韶关产业门类齐全，基础厚实，曾是华南重工业基地；农业特色鲜明，拥有丰富的山水生态、历史文化、民俗

风情、温泉休闲、文化遗址和乡村休闲等旅游资源。韶关有绵延不绝、遮天蔽日的山脉和林场，有种类繁多的历史文化名胜、马坝人遗址和林林总总的喀斯特地貌，有畅通发达的水路、驿站，因高山峻岭与外界阻隔而保存完好的少数民族居住地、百家姓汇聚区、当地民俗方言和民间技艺等，为中大师生开展调研、考察、采风、写作等提供了极其丰富且宝贵的生态自然条件。位于广东省韶关市最北部的坪石镇，与湖南省宜章县相邻，气候宜人，曾为南北文化经济的重要枢纽和商贾云集之地，抗战爆发、广州沦陷，坪石成为广东的大后方。

曲江是战时省会，政治、经济、文化部门多集中于此。曲江有四通八达、设施相对完善的水路结构系统。作为连接南北的交通要道，铁路设施自然也是过硬的。那时候的学校，不同的学院、系（所）以及班级都是散落在不同的地点办学的。仅中山大学各个学院就分散在韶关乐昌近十个地方，有些学院甚至跨县域落点。中大迁入坪石后，校本部、研究院、先修班、学生贷金审查委员会选址于坪石老街；文学院最初设址于乳源县清洞乡，之后又迁到坪石铁岭；法学院先是设址在乳源县武阳司，后搬至车田坝；理学院在坪石附近的塘口，与坪石隔河相望；医学院设在乐昌县城；农学院设在湖南省宜章县属的栗源堡，离坪石较远；工学院设在坪石附近三星坪和对岸的新村；师范学院设在乳源县管埠村附近的一个小山岗上；全校一年级新生部设在坪石附近的车田坝，后迁至武阳司，不分院系，统一集中上课；高年级学生则分别在各院上课。因为每个学院都有一个专属的码头，所以当时各学院之间通过武江水路联络，坐船就能往返于不同校舍。

此外，岭南大学校本部从香港迁校于当时的曲江县（今韶关）仙人庙大村，农学院（二年级以上）则迁至乐昌县水牛湾，医学院分散在韶关河西医院等地上课。在大村附近的横岗山则是东吴大学的办学旧址。广东战时艺术馆迁至曲江北郊十里亭附近的塘湾村。大村位于粤汉铁路沿线，距离最近的仙人庙火车站1公里，搭乘火车往来韶关和位于坪石的农学院都较为便利。地理位置的得天独厚和历史文化的源远流长，使坪石成为各类华南教育学府迁移校址的首选。

第二，促使中山大学等华南学府选定粤北作为校址的因素，也归功于机缘巧合。

迁入云南办学后，云南地区因战乱物价飞涨，大米奇贵，生活成本剧增，中山大学师生生活非常艰辛；而且战火越来越逼近云南，对需要相对稳定环境开展教学科研活动的大学而言是极其不利的。对比之下，作为广东临时省会的韶关，局势相对稳定。西迁澄江办学后，广东及湖南、江西等邻省学生入读大学相对困难，可谓远水解不了近渴，若回迁广东则可以解决这个问题。作为孙中山先生亲手创办的大学迁回广东，广东各界（例如地方实力派、国民党在粤元老等）积极支持，经费和人力方面都有了更大保障。广东文化教育界进步人士也希望迁至粤北的中山大学能与桂林等地联合开展进步文化工作，让中山大学发挥文化运动基地和民众启蒙的作用。

在那战火纷飞的岁月里，一群群稚气未脱的学子、一个个长衣带冠的儒士，拖儿带女，携笔墨书卷器材设备，沿着粤北的西京古道、秦汉古道，翻山越岭，涉江登岸，徒步数千里，避难求存。行至粤北已着实疲惫，就地安家落户、恢复元气是中大师生必然且明智的选择。以下为抗战时期迁韶学校行进路线：1940 年 9 月 22 日，中山大学师生员工在许崇清校长的带领下，从澄江启程往坪石，经归化、昆明、曲靖、平仪、盘县、安顺、贵阳、黄果树、贵定、独山、六寨、南丹、河池、宜州、柳州、桂林、衡阳，纵横数千里，于 10 月 13 日抵达曲江，16 日进入坪石镇，行程超过一千五百公里。

粤北仙人庙大村原为战区军官训练下级而设，被弃置的草棚大小共 48 座，后被移交给岭大师生使用。之前开筑坪石至连县公路的工程办事处，也建有数座久已不用的西式平房。中大师生因陋就简、就地取材，用当地盛产的杂木（如杉木板）、树皮、砂石、竹竿等原料，修葺、改建棚屋，以最低成本新建礼堂、图书馆、饭堂、实验室、教职员工宿舍等。可以说是直接解决了教学生活上的燃眉之急。因自建的校舍十分简陋，被称为“用鱼鲮板之工程，用竹渣之工程”。当时的中大学子回忆道：“当时还没有正规的教室，是在一个半山腰上课，老师必须拎着一个手炉放在教案旁。”更有甚者，“上了个把月的课，就因日军入侵而找不到学校”。而省立文理学院更是在隆隆炮火声中九载十迁，两次迁至连州东陂镇，且只能借用乡民祖厅或宗祠进行教学，而师生的宿舍也基本上是借住村民的旧屋。足见当时迁校办学的艰辛。

一方面，韶关崇山峻岭、森林茂密，方便隐蔽，安全系数高且有助于坐冷板凳和深入钻研学术与思考问题；另一方面，尽管迁韶地点办学条件艰苦，但中大先师们在艰难困顿中著书立说、传道授业、抗日救亡，于悲愤中涵养浩然之气，于烽火中培养栋梁之材，竖立起一座座令人敬仰的思想教育丰碑。迁韶学校广大师生对精神食粮（如书籍、设备仪器）的爱护以及志存高远、笔耕不辍、勤奋多产、活泼乐观的形象也深深打动当地民众并助推粤北有幸成为战时的华南教育中心。这为迁韶学校师生与当地村民百姓结下深厚情谊奠定了坚实基础。

第三，抗战时迁韶学校广大师生与当地村民百姓的情还根植于魂牵梦绕的岭南文化长期熏陶，即文化同源的结果。

韶关是中原文化与南粤文化的融合交汇点，早在 12 万年前，马坝人就在此繁衍生息，历史悠久，人文荟萃。自唐朝至清代共出进士 194 名；先后涌现出陈朝重臣侯安都、唐代名相张九龄、宋代名臣余靖、明代抗倭名将陈璘等杰出人士及邵谒、廖燕等大批学者、诗人；禅宗六祖慧能在此弘扬禅宗佛法，远播海内外；韩愈、刘禹锡、苏东坡、杨万里、文天祥等曾游历其间；孙中山先生两次在韶关誓师北伐，毛泽东、朱德、邓小平、陈毅等许多老一辈无产阶级革命家在此留下了光辉的足迹。深厚文化底蕴的耳濡目染和众多铁骨铮铮仁人志士的潜移默化，使得韶关地域上的人民必定是英勇的、豪迈的。抗战期间，为切断韶关的物资补给线，日军把韶关当时唯一的桥梁——曲江桥炸了，但人民不畏险阻冒着炮火开船给守军送物资。该事件让当局在韶关现在中山公园的位置建立了临时的飞机制造场，并制造出了很多战斗机，打下了很多日本飞机。由于军民的齐心合力，韶关一直守到 1945 年 1 月才沦陷。抗日战争时期（1938 年 10 月至 1942 年 5 月），中共广东省委根据抗日形势，将省委机关由广州迁到韶关：其中 1939 年 12 月迁到南雄瑶坑村；1940 年 7 月迁到始兴红围；1940 年 12 月，中共中央和中央南方局撤销中共广东省委，成立粤北省委和粤南省委，粤北省委仍驻红围；1941 年春至 1942 年 5 月，为更好开展革命斗争，粤北省委由始兴红围迁到韶关五里亭广东韶州师范学校农场小院。正是这种与天斗、与地斗、与人斗其乐无穷的精神以及丰富的抗战经历和由此形成的丰富红色文化资源，为迁韶学校师生与当地村民百姓惺惺相惜、同仇敌忾创造了重要条件。[1]

韶关还是扬名中外的传统佛教圣地。六祖慧能在韶关弘法近四十年，著述了第一部中国化的佛家经典《六祖坛经》，形成了著名的禅宗文化。由此形成千年佛教传统特有的包容性，悲悯众生，对罪大恶极、穷凶极恶尚能宽容，更何况是对那些来韶启蒙教化、传经送宝、抵御外辱的知识分子。正是禅宗文化这种特有的富于开拓创新、迅速扎根人民、凝聚力强的属性，使得当地村民百姓在华南学府纷纷迁韶时并没有被入侵的感受，相反，他们与迁韶学校师生关系融洽、情感深厚。

韶关这一特殊地域的民众有着吃苦耐劳、质朴单纯、乐观热情、团结和善的精神风貌，既敬畏自然又浩然正气。当外敌入侵必然不怕牺牲，遇到亲友则愿同甘共苦、排除万难，一方有难八方支援。抗战时迁韶师生的追求与韶关当地居民的文化同源共生，必然形成特殊而稳固的情感。从文化同源到由文化缘再到因缘生情。

因为地域特殊、机缘巧合和文化同源，迁韶学校师生与当地村民百姓产生情感是必然的、自然的。这种真挚、朴实的情感必然生发更加稳定、高尚的情怀，以高洁情愫、学术情谊、抗战情态为表现形态。

二、合情合理：抗战时迁韶学校师生与当地村民百姓以高洁情愫、学术情谊、抗战情态形成情理交融的稳定状态

抗战时迁韶学校师生与当地村民百姓的高洁情愫主要表现在移风易俗、造化百姓，践行理想、逐梦未来，绽放青春、报效祖国上。

第一，抗战迁韶学校深入偏远地区开展教学和科研活动，收集了大量宝贵的人文、自然科学资料。考察中，迁韶师生也向当地民众宣传抗战、普及科学文化知识。

抗战时迁韶学校师生带给当地民众宝贵的精神食粮，为韶关古城增添文化韵味与抗日氛围。仅坪石校址就自办十余种学术刊物，出版了《战时坪石日报》，还成立了《建国日报》《大光报》《工商报》等报社，还有几家印刷社，可以看到当天出版的报纸。一时间，小镇的“文化产业”达到了历史最顶峰。当时坪石前所未有地出现了为知识分子和学生服务的众多书店，还举办各类文体活动，国内外学术交流也并未中断。他们将不少店铺和住宅改造成学校宿舍，还接连开了十余家书店，新建了戏院，为当地村民百姓营造浓厚的读书风气，提供了多个文娱场所和丰富的节目，对移风易俗和造化百姓均有重要促进作用。如广东战时艺术馆迁韶期间就俨然成为名家云集之地：毕业于美国耶鲁大学戏剧系的张蹑峰，著名导演陈卓猷，舞蹈家吴晓邦，音乐家黄友棣、梅耐寒，美术家胡根天，著名小提琴家马思聪，著名哲学家石兆棠，心理学家阮镜清，剧作家洪深，戏剧家向培良、熊佛西、胡春冰等等。1944 年春，西南剧展在桂林举行，历时三个多月，集中广东、广西、湖南、江西等省演剧队伍观摩演出，是中国话剧史上最大的一次活动。

坪石时期的中大办学最大的特点是配合抗战，加强抗战教育及有关抗战的科学知识与技能教育。在坪石办学的四年间，以中大为依托，各院均秘密建立了党支部并在研究院社教区和先修班发展了一批党员。师生们常

“以歌舞演故事”“以故事述歌舞”，用文笔开辟另一个无硝烟的战场，既教育学生又满足人民的艺术欣赏需要。他们用国难家恨情感激发当地百姓救亡图存的意志与热情，撒播蓬勃朝气，用音乐舞蹈启迪民众、筹措款项，从精神、物质上支持前方将士抗战，甚至成立隐蔽抗战组织，如在中共地下党领导下投身抗日救亡运动的群众组织——“干社”，就是其中著名的例子。中大师生爬山越岭，深入街镇、学校、农村、瑶区结交朋友，用本地客家话、结合当地节日风俗与当时形势创作感染力强的作品，如祝贺瑶胞“跳王”（也叫耍歌堂）盛大节日等，充分发挥了艺术抗日强大的亲和力，能通俗易懂、形象生动地表达抗日救亡、保家卫国道理的特点。[2]

第二，习近平总书记在考察西南联大旧址时指出：教育要同国家命运、民族前途紧密联系起来。抗战时迁韶学校师生不忘从教初心，牢记育人使命。他们用自己火热的青春和辛勤的汗水深刻证明了知识就是能助我们翻越山峰最简单方法的道理，也生动诠释了当国家真的有危难的时候，能拯救自己，拯救所有国民的人，永远是那些把知识化为力量的人才。[3]

岭南大学农学院首任院长古桂芬认为，广东沿海富庶地区已经沦陷，因此发展大后方的农业生产有特别重要的意义，他力主农学院迅即迁入内地，以促进内地农业生产，支援抗日战争。他形成以西方先进农业科学改良中国落后农业技术的思想，全心致力于发展农科教育事业，为国家培养更多的农业人才。在韶关校址的建设过程中，古桂芬由于任务繁重、操劳过度，患了恶性疟疾和痢疾，不幸以身殉职。像古桂芬这样忧国忧民、励精图治且呕心沥血的先师有太多太多，他们为中国保存学术实力、赓续文化命脉、培养急需人才、开拓内陆教育空间，做出了不朽的贡献。例如，当时为配合和加强抗战教育，增加抗战的科学知识与技能，中大工学院还增开许多与抗战有关的实用课程，如汽车驾驶法及修理法、飞机修理、汽车修理及飞机坦克车机件之装拆、兵器学及内外弹道学等，甚至还有一架真的飞机以供教学所用。

在烽火岁月中治学育人的迁韶学校师生，用他们的勤勉开拓，使科学与教育火种在战火中延续与光大。这种学术情谊之弦歌不辍，初心不改的境界，是情的重要归宿。他们继承和发扬母校的岭南精神，或安于清贫，穷尽一生潜心治学，开辟学术新天地；或追随先进思想，实施男女同校等教育事业改革；或参加游行示威，组织群众集会并激情演讲；或志存高远，力助家乡建学府、修公路，整饬吏治，颇有政声。这里走出了岭南大学首任华人校长钟荣光，著名教育家李应林，当代杰出女学者、诗人冼玉清，著名社会活动家陈香梅，著名话剧演员张悦楷，医学寄生虫学家陈心陶，香港美心集团名誉主席伍沾德，著名武侠小说家梁羽生，香港中文大学首任副校长容启东，中国科学院院士黄本立，著名经济学家、经济史学家吴大琨等大师名家。众多名家大师像莞籍坪石先生与莞籍坪石学生邓植仪、容肇祖、郑师许、陈安仁、吴壮达、何作霖、邓盛仪、袁镇岳等，犹如繁星点点，闪亮至今。

先师们将粤北民众的接济感怀于心，在坚守教育的同时，也不忘开启民智民风，参与地方的建设。这种学术情谊教学相长、深明大义并与民众息息相通的境界，也是情的另一重要归宿。他们于艰难中保持积极乐观的心态，为烟弹笼罩下的粤北增添了些许的晨光，感染着四乡六里的乡民，让民风朴实的百姓在惶惑中看到胜利的希望；他们着意将大学图书馆辟出一个专用阅览室，“公开为民众阅览之用”，专门开办文化识字班，将服务民众放在重要的位置，在粤北的文化原野上播下了文明的种子；他们主动投身于当地的经济社会建设，参与乡村的道路设计，为乡民看病防疫，开设乡村教育进修班，支持了粤北的建设，温暖着大众的寒苦，也启发了乡民的心智。以“岭大村”校医黄四姑为例，她是岭南大学（下文简称“岭大”）抗战时期粤北仙人庙校区（岭大师生亲切地称之为“岭大村”）唯一的医护人员。当时，人人都称她四姑，没有人称呼过她的姓名或职务。黄四姑有良好的医疗技术，总是让贫寒学生几乎没花什么钱就恢复了身体健康；她有忘我的爱校情怀，不因自己经常接触患上疟疾等具有传染性疾病的患者，而导致感染，不得不服用过量奎宁，致使自己的耳朵聋了就气馁或懈怠，相反，她一如既往地料理这类高危患者；她有甘于奉献的精神，秉持医生救死扶伤的职业道德，对前来求诊的村民和驻军从不拒绝，为他们提供力所能及的帮助，就像对待校内师生一样。村民把她当作观世音。

1945 年 1 月，日军突然侵入宜章栗源堡，坪石亦陷于包围之中，学校仓促通告紧急疏迁。虽有部分师生因来不及突围被捕，面对敌人的威逼利诱，卫梓松教授等人无动于衷，并且最终自杀殉难；中山大学附中教师陆兴焰、学生诸兆永等人在由坪石搬往仁化的途中，遭到日寇杀害。如此赤胆忠心和高风亮节，既助推了粤北地区政治、经济、文化的发展，也成就了迁韶师生与当地村民百姓建立惊心动魄、无法忘怀深厚情谊的历史传奇。迁韶师生坚忍不拔、赤胆忠心的革命斗志和不畏强暴、舍生取义的赤子之心，深深打动着当地村民百姓。迁韶学校经常从村民们处购买稻米、蔬菜，并且免费给村里的学生提供书本、笔墨等文具，还教他们识字、读书，鼓励他们多读书，将来也考入中山大学，做大学生。部分教职工租住在农户家中，入乡随俗，他们与当地农民一样，洗澡和洗衣服都在武江河里。当年基本上每户人家里都存有中大师生们留下来的物资，时至今日，三星坪周边仍保存着数量相对较多、相对完整的师生们居住过的房屋。善良的村民们将这些物品代代相传，以缅怀先师、守护历史。凡此种种均表明，抗战时迁韶师生与当地村民关系十分融洽。因此，在粤北那片贫瘠的土地上，乡亲们于战火中接纳这一批批师生，给他们祠堂以礼堂，让他们粮仓以课室，借他们旧居以住舍，送他们粗粮以果腹等也就不足为奇。这是对文化知识的天然亲近，也是对共克时艰的自觉担当。其言其行，虽默默无闻，却透析出伟大。

三、情理交融：以迁韶学校广大师生与当地村民百姓结下的深厚情谊契机，为以史育人、盘活产业、反哺人民创造条件

挖掘粤北华南教育历史的红色文化因子，是对迁韶先师在广东教育事业发展上做出的不可磨灭贡献的感恩与褒扬，也是对教育救国、教育兴邦的首肯与践行。先师用顽强生命斗志谱写的抗战救亡、烽火育人的壮丽赞歌，为时代新人端正学习态度，纯洁学习动机，增强责任感、使命感、紧迫感，都有重要指导作用。先师先进和超前的办学治学理念与因材施教、因地制宜的教书育人创新意识，对地方高校提高办学质量和培养优秀人才具有重要借鉴意义。

在翔实考证过往、还原模糊细节中共忆抗战辉煌，有助于加强粤北红色文化遗产的保护利用，可以衔接南粤古驿道保护利用工作，盘活大量相关产业，提升粤北在传播红色文化场所上的地位，反哺粤北人民；可以追忆先辈足迹，缅怀革命先烈，重温烽火岁月，传承革命精神，开拓美好未来；可以重温历史典故，厚植文化底蕴，播撒文化种子。抗战时迁韶学校广大师生与当地村民百姓结下深厚情谊，使得粤港澳地区有了同根同脉同源的共同历史，这必将成为推动粤北文旅融合发展、振兴乡村、记住乡愁，助力粤北生态发展区建设乃至增进海峡两岸及香港地区民众的文化认同、增强文化自信，以及推进海峡两岸及香港地区深度合作与融合发展的有力抓手。例如培正中学和培道中学在乐昌坪石联合建立的联培中学，凝结成今天粤港澳教育界的共同记忆。华侨三中先后创办于乐昌和连州，是抗战时期海外华侨和港澳青年学子安心求学之地，成为传承中华文化的一个原点。[4]

挖掘研究抗战时迁韶学校广大师生与当地村民百姓的鱼水深情，是对

中华民族一贯具有的“伟大创造精神、伟大奋斗精神、伟大团结精神、伟大梦想精神”的例证与信仰，有助于深化对中国共产党群众路线、实事求是路线的认识，有助于促进对中国共产党作为中国各项事业从胜利走向胜利领导地位的自觉。

参考文献

［1］广东省老区建设促进会，中共广东省委党史研究室．广东革命史迹选编［M］．广州：世界图书出版广东有限公司，2013：6，125－166.

［2］［4］李筱文．说瑶三十年［M］．广州：广东人民出版社，2017：162－167，190－208，259－295.

［3］张胜，王斯敏，邓晖，等．教育同国家前途命运紧密相连——四校专家谈西南联大的精神与价值［N］．光明日报，2020－01－23.

后　记

历史是最好的教科书，也是最好的清醒剂。历史是最好的老师，它忠实地记录下每一个民族、每一国家、每一地区所走过的历史足迹，也为未来的发展提供启迪。

2021 年是中国共产党成立一百周年。研究、传承和弘扬红色文化，是庆祝建党一百周年的重要内容，也是对革命先辈的最好纪念。为庆祝中国共产党建党一百周年，韶关学院马克思主义学院组织教师对韶关地方红色文化进行了调查研究，撰写论文，以实际行动传承光荣革命传统、赓续红色文化血脉、弘扬伟大的建党精神。在大家的共同努力下，韶关红色文化研究取得了一定的成果。经过认真筛选，最终编辑成《韶关红色文化专题研究》。为了更充分展示老师们对韶关红色文化的研究成果，在公开出版本书时也收入了部分原来公开发表过的、本次略作修改的相关论文。这将对我们今后继续深入研究、传承与弘扬韶关红色文化提供坚实基础。

《韶关红色文化专题研究》共收集了 22 篇文章，分别从不同的角度对韶关（粤北）红色文化进行了研究。大体上分为四个部分，一是对韶关红色文化的调查研究，既有总体研究，也有个案分析，这是本书的主要部分；二是对韶关红色文化的开发传承、资政育人等功能的探讨；三是对韶关红色文化融入大学课堂的思考；四是对抗战时期粤北（韶关）华南教育历史的探究。本书属于严兴文主持的 2019 年广东省教学质量与教学改革工程建设项目——中国近现代史纲要教学团队项目的研究成果，可作为大中小学的教材、参考书或课外阅读书。

韶关历史底蕴深厚、红色文化丰富。在相关部门单位、学者专家的共同努力下，韶关红色文化研究取得了丰硕成果，本书的作者也参考了已经发表和出版的成果，大多已在文中标注；在本书的调研写作、编辑出版的过程中，还得到了相关部门和专家学者的大力支持，韶关市党史研究室对书稿进行了审阅，提出了宝贵的修改意见和建议；暨南大学出版社华文教育/文史法政编辑室黄颖副主任为本书的出版付出了辛勤的劳动，在此一并表示衷心感谢！

本书每篇文章的文责由作者自负。由于文章的风格不尽一致，加之时间仓促，不足或错漏之处请方家和读者批评指正，以便于作者修改提升，更好地研究和弘扬韶关红色文化。

编著者

2022 年 10 月 10 日